经典 历史

影响中国发展历程的
100 位名相

李默 / 主编

广东旅游出版社
GUANGDONG TRAVEL & TOURISM PRESS
悦读书·悦旅行·悦享人生

中国·广州

图书在版编目（CIP）数据

影响中国发展历程的 100 位名相 / 李默主编 . — 广州 : 广东旅游出版社 , 2013.10（2024.11 重印）
ISBN 978-7-80766-649-3

Ⅰ . ①影… Ⅱ . ①李… Ⅲ . ①政治家－生平事迹－中国－古代－通俗读物 Ⅳ . ① K827=2

中国版本图书馆 CIP 数据核字 (2013) 第 221369 号

出 版 人：刘志松
总 策 划：李　默
责任编辑：张晶晶
装帧设计：盛世书香工作室　腾飞文化
责任校对：李瑞苑
责任技编：冼志良

影响中国发展历程的 100 位名相
YING XIANG ZHONG GUO FA ZHAN LI CHENG DE 100 WEI MING XIANG

广东旅游出版社出版发行
（广东省广州市荔湾区沙面北街 71 号首、二层）
邮编：510130
电话：020-87347732（总编室）020-87348887（销售热线）
投稿邮箱：2026542779@qq.com
印刷：三河市嵩川印刷有限公司
　　　（河北省廊坊市三河市杨庄镇肖庄子村）
开本：650×920mm　16 开
字数：105 千字
印张：10
版次：2013 年 10 月第 1 版
印次：2024 年 11 月第 3 次印刷
定价：45.80 元

出版者识

　　《了解历史丛书》是一部全景式图文并茂记录中国文明历史的大书。出版者穷数年之力，会集各方力量——专家、学者、编辑、学术顾问们，在浩如烟海的历史档案、资料、著作中，探珍问宝，追寻中华文明在悠悠历史长河中的灿烂之光。此书的出版，凝聚了编撰者的心血，学术顾问们的智慧。尤其是李学勤先生，亲自动笔写下了序言，更增加了本书沉甸甸的分量。

　　中华文明的历史充满了辉煌与苦难，成就和挫折。它的历史无处不在，决定着我们中国人今天的思想和感情。当今的中国和中国人是中华文明的历史造就的，是中华文明的历史的延伸，也是它的一个组成部分，中华文明的历史之河奔流到现在。

　　中华文明是人类历史上最伟大的文明之一，是人类文明发展的主要构成。中华文明丰富、深刻、辉煌、博大，在人类文明中的骨干作用和领导作用人所共知。在人类文明的发源时期，中国就是四大古国之一，是地球上文化的策源地之一。在人类文明的早期，中华文明已成为文明在东方的支柱，公元前后200年间，人类的汉帝国与罗马帝国这两只铁手攫住了地球。在欧洲进入中世纪的时候，中华文明更成为了人类文明最主要的领导，它的文明统治东亚，传遍世界。进入近代，中华文明处于自身的重压和西方的欺凌下，但中国人民的斗争史和奋起精神是人类文明历史中不可缺少的一页。

　　五千年的中华文明为人类贡献出了从思想家孔子到科学技术的四大发明、从唐诗宋词到长城运河的伟大创造，贡献出了从诸子百家到宋明理学，从商周铜器到明清文学的深刻内涵，也贡献出了从五霸七强到三国纷争、从文景之治到十大武功的辉煌历史。中华文明的历史绚烂多彩，在人类文明的历史长河中永放光芒。

　　中华文明也是人类历史上最独特的文明，没有哪一个文明像中华文明这样持久，这样统一一致。世界上其他文明不但互相交错，其创造者也都与高加索人种有关，它们是姐妹文明。在人类历史中，只有中华文明才是独特的，它的创造者是中国土地上的中国人民，与其他任何地方的人民都没有关系，它的文化是统一一致的文化，可以不依赖于其他任何文明而生存，但中华文明也绝不是封闭的，它接受他人的文化，也承担自己对于人类的责任。

　　人类进入新世纪，中国的社会经济发展令世人瞩目。人们对于世界未来的政治和经济结构的估计无不以东亚和太平洋为中心，而尤以中国为重点。

经济起飞只是当代中国的一个方面，中国的精神文明的建设尤为刻不容缓。如果中国要自觉地发展中华文明，要有意识地使中国的发展具有世界意义，就必须发展强有力的精神文化，这样才能使中华文明的发展进入一个新的阶段，才能形成中国和中华文明的全面现代化。

而中国的精神文化的发展植根于中华文明的伟大传统之中。进入近代之后，在西方文化的冲击下，对于中国文化的价值产生大量的情绪化和激烈冲突的论调。"五四"运动"打倒孔家店"的口号具有冲破封建束缚的时代意义，对中国文化的发展有不容否认的正面意义，与文化虚无主义是完全不同的。文化虚无主义者否定中国传统文化，在现代化的旗帜下主张全盘西化；而复古主义则沉迷于中国文化的古董，走进反进步、反科学的泥潭。

历史的发展则超越了所有这些论点，产生这些论调的一百多年来的中国近代史已经结束。历史要求中国发展，要求中国走在全世界发展的前列。西化论和复古论都已过时，历史已经要求世界超越西方，中国可以承担起世界的命运，而中国的现实和世界的历史都说明，中国的使命在于它的发展前进，而非倒退。

中华文明走出迷惘的时代，我们这一代处在一个伟大而具有挑战的历史阶段。

总结历史、展望未来，这就是《了解历史丛书》的意义和使命。我们创作《了解历史丛书》，力求总结和回顾中华文明的全貌，在内容和形式上都开创一个新的局面。在内容结构上，既具有一定的深度，又具有相当的广博性，既有严谨、准确的学术价值，又有活泼、流畅的可读性。我们在本丛书内容纳了中华文明的各个方面，使它综合了大规模学术著作的系统性、严密性和普及读物的全面性、简易性，它既可作为大型工具书检索中华文明的各个成分，又可作为通俗的读物进行浏览。

我们从上世纪 90 年代初起就开始思考中华文明的历史和现实问题，并逐渐形成了编著《了解历史丛书》的设想。在开展这项庞大的文化工程之始，我们就聘请了国内权威学者李学勤、罗哲文、俞伟超、曾宪通、彭卿云诸先生担任学术顾问，他们对计划作了充分讨论，并审阅了大量初稿。我们聘请了广州、香港地区的社会科学学者、大学教师、研究生以及我社编辑人员几十人担任稿件的撰写工作。

通过创作这部书，我们深深地感受到了中华文明的博大精深，也感受到了它的内在缺陷。中华文明具有辉煌的时期，也有苦难的年代，有它灿烂的成就，也有其不足的方面。中华文明在自身中能够吸取充分的经验和教训，就能够使自身健康壮大，成长发展。

通过创作这部书，我们也深深感受到了出版事业的使命和重任。我们希望这部书能受到广大读者的喜爱，起到它所应当起的作用。为中华文明的反省、前进和奋起作一点贡献。

目 录

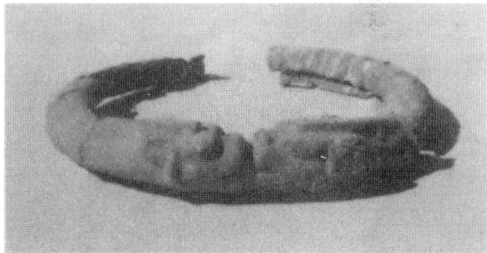

名臣伊尹囚禁商帝太甲

约前1544年，商老臣伊尹立太丁之子、成汤嫡长孙太甲继位，传说还亲作《伊训》、《肆命》、《徂后》等教导太甲。太甲继位后，"不明、暴虐、不遵汤法、乱德"，伊尹屡谏不止。太甲三年，伊尹将太甲囚禁在王都郊外的桐宫（今河南偃师），自己代行天子职权，摄行政当国。

太甲居桐宫三年，在伊尹的耐心开导下，悔过反省，开始弃恶从善，施行仁义。伊尹便迎太甲归朝当政。太甲复位后，果然政通人和，诸侯归顺，百姓安居乐业，大有成汤之风。传说太甲死后，伊尹作《太甲训》3篇，颂扬太甲，并尊他为太宗。

伊尹为商王朝开国功臣，曾辅佐商汤推翻夏桀，建立政权，又辅佐外丙、仲壬、太甲三王，立下汗马功劳。有传说，伊尹名阿衡，地位卑贱，看到汤是个有作为的人，便乘有莘氏嫁女之机，以陪嫁奴仆身份来到商。伊尹善烹调，到商后为汤掌厨，他利用侍俸汤进食的机会，给汤分析天下形势，历数夏桀暴政，进献灭夏建国的大计。后来，他得到汤的信任，并被任命为"尹"，即右相，从此跟随商汤灭夏立商，成为商政权中一位赫赫元老。

太甲之后，沃丁即位，伊尹自觉年老，不再参与朝政。沃丁八年，伊尹病死，相传已有百年之寿。沃丁以天子之礼隆重地安葬伊尹，用牛、羊、豕三牲祭祀，并亲自临丧三年，报答他对商王朝的贡献。

伊尹的名字见于甲骨文，记载他历享后代商王的隆重祭祀。他是中国历史上第一位民臣形象，在商王朝的建立和巩固中起了不可估量的作用，特别是他的政治主张对整个商代都起了决定性的作用。

伊尹像

姬昌被囚姜太公出山

姬昌在相继灭黎、灭邗、灭崇，完成对商都朝歌的包围后，把国都由歧山迁至丰（今陕西户县）。

面对周人强大攻势的严重威胁，帝辛（纣王）不得不借机断然将西伯昌扣押，囚于羑里（今河南汤阴北）。相传姬昌被囚时，曾将八卦演为64卦，并将作了爻辞、卦辞。

姬昌被囚之后，周大臣太颠、乙天、散宜生建议利用帝辛贪图享乐、爱美色的弱点，向他献美女名马。果然，帝辛释放了姬昌。

姬昌获释之后，更坚定推翻商王朝的决心，遇姜太公吕尚，拜之为军师。在吕尚的辅佐下，周境内政和讼平，民心大定，河东小国纷纷归附，造成当时三分天下周人有其二的局面，奠定了灭商的基础。

姬昌像

成王年幼·周公摄政

周成王元年（前1063），太子诵继位。成王年幼，曾辅佐克商的武王之弟周公旦摄政。

管叔、蔡叔怀疑周公将篡取王位，传播流言，武庚也谋划复国，与管、蔡结合叛周，纠集徐、奄、薄姑和熊、盈等方国部落作乱。周公奉成王命东征，经过三年战争，终于平定叛乱。武庚和管叔被诛，蔡叔被流放。为了消弭殷商残余势力叛周的隐患，周朝首先命令诸侯在伊洛地区合力营建新邑，

周公像

即周朝的东都洛邑（成周）。东都既成，遂迁曾反对周朝的"殷顽民"于此，加以控制。同时，封降周的商贵族微子于商朝故都宋地，以代殷商之后；封武王少弟康叔于纣都，成立卫国，赐以殷民七族；封周公长子伯禽以奄国旧地，成立鲁国，赐以殷民六族。这样，殷商余民遂被分割，逐渐服从于周朝的统治。

鲍叔牙荐管仲为齐相

鲁庄公九年（前685年）齐鲁乾时之战，鲁军失败后，齐大夫鲍叔牙率领军队，代表齐桓公前往鲁国，表达齐国意愿。公子纠是齐桓公的胞兄，齐不便亲自处置，就请鲁国把公子纠杀掉。公子纠的辅佐管仲和召忽是齐的仇人，请把他们交给齐国处置。于是鲁国在生窦（今山东荷泽县北）杀掉公子纠，并将管仲、召忽交给鲍叔牙。召忽不愿返齐，遂自杀身亡。管仲坐在囚车里随鲍叔牙返齐。到达齐、鲁交界的堂阜（今山东蒙县西北），鲍叔牙放出管仲。回国以后，鲍叔牙对齐桓公说，管仲是天下奇才。您若仅仅治理齐国那么由高傒和我辅佐即可；您若要称霸天下，则非管仲不可。齐桓公不记射中带钩之仇，以亲自出城迎接之礼礼遇管仲，任命他为齐相，主持国政。

管仲相齐后，一心辅佐齐桓公的霸业，对齐国很多方面都进行了大刀阔斧的改革。在政治上，他推行国、野分治的参国伍鄙之制，即由君主、二世卿分管齐国，并在国中设立各级军事组织，规定士、农、工、商各行其业；在经济上，实行租税改革，对井田视其肥瘠而分等征税，并采取了若干有利于农业、手工业发展的政策；在管理上，他主张礼法并用，礼以使人知廉耻、法以使人守规矩。

在国内政治经济形势得到稳定和改善的基础上，管仲积极促使齐桓公采取"尊王攘夷、争取与国"的方针，以建立霸权。所谓"攘夷"，是对侵占华

管仲

夏地区的戎、狄进行抵御。前649年，扬拒泉皋之戎入侵王室地区。此后两年，以齐为首的诸侯国派兵戍守王都。前644年，山戎伐燕，齐军救燕。前661年狄人攻邢（今河北邢台境内），次年灭卫（今河南淇县）。其后两年，以齐为首的诸侯国恢复卫国，另建卫都于楚丘（今河南滑县东）。所谓"尊王"，即尊崇周王的权力。前655年，齐军与诸侯军伐楚，迫使楚国向王室贡送蚕丝（一说为包茅）。在葵丘之会的盟辞中，有"诛不孝、无得更易太子、不允许以妾为嫡妻、不得私自分封国邑"等条文，目的皆在于维护周天子下的宗法制度。所谓争取与国，是运用军事、经济手段来取得中小诸侯国的支持。谭（今山东济南东）、遂（今山东肥城西南）等国曾藐视齐国，被齐灭掉。服从者来朝聘，齐取厚报。前651年，由齐国召集葵丘之会，确定诸侯国间不得筑堤防雍水来危害邻国，不得有意不卖给邻国粮食。

管仲是中国历史上第一个具有独创性的政治家和经济学家。他对内实行的参国伍鄙之制既巩固了齐桓公的权力，又使整个国家井然有序，从而不但为齐桓公首先称霸提供政治上的保证，而且对后世中国政治制度产生了深远影响；他对外推行的"尊王攘夷"政策以尊崇周王号召民心，收到了"万国事朝"的实利结果。他在经济上实施的租税改革政策和发展手工业、商业的政策在短时间内使齐国国力大为增加，为其称霸准备了物质条件。管仲的这些政策使齐国即使霸权衰落也仍然保持着大国的地位。

不仅如此，他还发展了齐国的文化，托名于他的《管子》一书大多数就是以他为首的齐国思想家的思想结晶。

管仲平戎于周

　　管仲当上齐国宰相后，倍感桓公既往不咎，用之不疑之恩，倾全力报效齐国。他在协助齐桓公治理国家的同时，以"尊王攘夷"的措施建立齐国的霸主地位，甚至亲自实施这一措施。周襄王三年（前649年）夏天，王子带召集扬、拒、泉、皋和伊雒等地的戎人攻打周朝都城洛邑，秦国和晋国派兵勤王，击败了戎人。这年秋天，晋惠公派人与戎人谈判，希望媾和，但没有成功。前648年冬天，齐桓公派管仲去完成这一艰巨任务，管仲不辱使命，凭其过人的外交才干促成了戎与周的和议。为酬谢管仲，周襄王以上卿之礼款待管仲，管仲辞而不受，并对襄王说："我只是一个地位低贱的陪臣，君待我以上卿之礼，愧不敢当，齐国真正的上卿是桓公任命的国氏和高氏。"管仲最终只接受了下卿之礼。管仲的才智和谦逊深得各国人的敬佩。

管仲去世

　　管仲（？—前645年）是中国历史上第一个有独创性的政治家、经济学家。名夷吾，字仲，亦称管敬仲，颍上（今安徽颍上）人。他早年曾经商，后来从事政治活动。初与鲍叔牙游，深得鲍叔牙敬重，后与其分别当了公子纠与公子小白的谋臣。在两公子争夺权位的斗争中，管仲支持公子纠。公子小白即位为齐桓公，听从鲍叔牙的劝告，捐弃前嫌，拜管仲为相。管仲任事后，四十年如一日，尽心辅佐齐桓公除旧立新，成就了他的霸业。

管仲（左）与鲍叔牙墓碑

《管子》书影

管仲任齐相期间，取得了多方面的成就。政治上：他对内推行国、野分治的参国伍鄙之制，由君主、二世卿分管齐国，并在国中设立各级军事组织，规定士、农、工、商各行其业；他还实行"重刑罚"、"隆礼义"的治国政策，将齐国治理成一个既遵从法制又恪守礼节的国家。对外，他施行"尊王攘夷"的主张。所谓"尊王"，即尊重周天子的权力。这实际上是一种以天子号令诸侯的权术，因为周天子虽无实权，但毕竟是诸侯名义上的君主。所谓"攘夷"，即抵抗入侵华夏地区的戎、狄等少数民族，为各诸侯国撑腰，从前 664—前 656 年，齐国就先后帮燕国击退山戎，为卫国和邢国另建新都，阻止了楚国的北犯。经济上，他重视经济，积极发展生产，提出了"仓廪实而知礼节，衣食足而知荣辱"这一伟大思想；他及时改革赋税制度，主张"相地而衰征"，即视土地的好坏优劣而分等征税，大大刺激了人民的生产积极性；对各施其职的士、农、工、商，他推行同业者聚居一处、代代相传的措施，以便师徒授受、相互交流、提高技术；他还力倡通货积财、富国强兵的政策，极大地增强了国家的实力。

与战国诸子侧重哲学和社会（因而经济思想是其一部分或应用）不同，《管子》书中的管子是一个真正的，甚至是现代意义的经济学家。

管子的经济理论是轻重分析，轻重是一个一般概念，如果参考把价格贵看作重（反之看作轻）的例子，大致可以知道轻重是什么。他以轻重来衡量一切经济对象的关系，从中衍生出流通、交换、价格等经济现象及控制方法。

他的控制经济的轻重的思想是最早的经济（而非政治）调节法，这来源于"重射轻泄（重见众人追逐，轻则外流他方）"的商品理论。他对货币定义、数量说、本位和货币政策的理论由此产生，他的价格理论、市场定义、财政政策以及财富本体论、经济心理论等都是极有意义的。

　　《管子》成书的年代有异议，从其经济背景看，至少这一部分内容应属于战国时代。

　　管仲的这些政治和经济主张不但促成齐国的首霸地位，而且对后世产生了深远的影响，甚至历代谈论经济的著作都祖述管仲。

伍子胥出奔吴国

周景王二十三年（前522年），楚平王听信谗言，想杀太子建，于是将太子的老师伍奢召来并将他关押起来。太子建逃亡到宋。楚平王怕伍奢的两个儿子伍尚和伍子胥成为日后隐患，就派人召两人来，说：你们来了就可以放掉你父亲。大儿子伍尚为全孝道去了，跟父亲伍奢一起被楚王杀掉；小儿子伍子胥为报父仇出逃到宋国投奔太子建。不巧宋发生内乱，伍子胥便和太子建逃到郑。在郑三年，太子建报仇心切，参与密谋要夺郑定公的权，被郑定公发现杀了。伍子胥带着建的儿子太子胜逃奔吴。逃到吴楚交界的昭关（今安徽含山县北），关上盘查很严，因为郑王已叫人画像悬赏捉拿伍子胥，伍子胥非常发愁，传说他一夜之间愁白了头发，在好心人东皋公的帮助下混出了关。伍子胥和太子胜一路疾行，唯恐后面有追兵到来。到一条大江前，有一渔夫将伍子胥和太子胜渡过了江。伍子胥为感谢渔夫，摘下身上的宝剑相赠，说这值100金的。渔夫说楚国有令，凡抓到伍子胥都可以得到5万石粟和高官厚禄，我这都不在乎，还在乎你的剑吗？伍子胥还未到吴，在路上便病倒了，一路乞讨到了吴国。吴国公子光引见伍子胥给吴王，伍子胥劝吴王伐楚，被公子光阻拦住。伍子胥见公子光想谋王位，便举荐勇士给公子光。公子光杀了吴王僚后自立为王，这就是吴王阖闾。吴王即位后，封伍子胥为大夫，又任用了将军孙武，富强国家，整顿兵马，先后兼并了附近几个小国。周敬

伍子胥画像镜

王十四年（前506年），吴王拜孙武为大将，伍子胥为副将，伐楚，一直打到郢都。伍子胥将楚平王之尸挖出，鞭尸以解父仇。

伍子胥像

范蠡退隐

范蠡，楚国宛（今河南南阳）人，字少伯，是越王勾践成就霸业的主要谋士，殚精竭虑事奉勾践20多年。勾践用其计谋灭吴，会诸侯尊周，最终成就霸业。相传范蠡献计将美女西施献给吴王夫差，使其耽于美色之中，越由此灭吴。勾践成霸业后，尊范蠡为上将军。范蠡以为大名之下，以久居，认为勾践可与同患难，难以共安乐，于是不顾勾践挽留而装其珍宝珠玉，与随从乘船从海上离开越国。相传与他一起离越的还有美女西施。

范蠡沿海飘流，到了齐国，从齐国寄书给勾践的另一位谋士种，说："飞鸟尽，良弓藏；狡兔死，走狗烹"，越王为人挑剔，可共患难不可同享乐，你为什么不离去呢？种收书后诈病不上朝。有人向勾践说种是想作乱，勾践于是赐种剑，种自杀。

范蠡像

范蠡游徒江湖，曾作三迁。

范蠡到齐后，埋名隐姓，自称鸱夷子皮，父子治生产有方，不长时间就家产数十万。齐国人听闻他很有才能，就请他出任宰相。范蠡以"久受尊命，不详"为理由辞去相位，尽散家财给朋友、邻里和乡党，只带少量重要的宝物离去，至天下交通要冲陶（今山东定陶北），留居经商，自号陶朱公，成为传说中春秋战国时代中国最大的财神，积聚了资财巨万，被后世人奉为财神。

李悝改革

前 445 年，魏文侯即位后，魏国已建成中央集权的封建国家。魏文侯威望颇高，他礼贤下士，任人唯贤，各地的志士能人争相往归，魏文侯均委以重任，充分发挥其才智。他依靠群贤，从经济到政治、军事进行全面改革。魏文侯四十年（前 406 年），魏文侯任用李悝在经济上实行"尽地力之教"和"平籴法"，在政治上采取了一套有利于新兴地主阶级利益的政策和措施。他实行"食有劳而禄有功"等办法，打击国内残存的旧势力，为新兴封建阶级的发展扫除障碍。

"尽地力之教"是李悝经济改革的主要内容之一。目的是破除旧有的阡陌封疆，鼓励自由开辟耕地，勤谨耕作，以增加生产，培殖封建的小农经济。具体做法是，规定农民必须同时播种种稷（小米）、黍（黍子）、麦、菽（大豆）、麻五种作物，以防播种单一作物一旦遇到灾害时无法补救。促使农民努力来耕作。在住宅四周，要种植桑树，以供养蚕。菜园里要多种蔬菜，田地之间的埂上也要利用空隙来种植瓜果。总之是要充分利用空闲的土地，扩大农副业生产。李悝在经济改革中的另一项重要措施是实行"平籴法"。他认为，粮价太贱，农民入不敷出，生活困，国家就要贫穷；粮价太贵，城邑居民担不起，生活困难，就要流徙他乡。因此，粮价无论太贵太贱，都不利于巩固封建统治。为此他制定了调节粮价的"平籴法"，把好年成分为上、中、

下三等，坏年成也分成上、中、下三等，好年成由官府按好年成的等级出钱籴进一定数量的余粮，到了坏年成，再由官府按坏年成的等级平价粜出一定数量的存粮。此即后世封建王朝的"均输"、"常平仓"等法的先河。平籴法"取有余而补不足"、"使民适足，价平而止"、"虽遇饥馑水旱，籴不贵而民不散"。同时在很大程度上限制商人的粮食投机活动，制止了粮价的暴涨暴跌，在一定程度上还可以防止农民破产和贫民流亡。"平籴法"的实行，进一步巩固了地主经济，使魏国国富兵强。

李悝在经济上推行"尽地力之教"和"平籴法"，在政治上则推行"食有劳而禄有功"和"夺淫民之禄以来四方之士"的政策。它废除旧的世卿世禄制，改为按功劳大小和对国家贡献多寡分别授予职位和新的爵禄。对那些无功于国而靠父祖爵禄享受特权者，以及身着华丽服装，出门乘着车马，回到宫中又沉浸在舞乐之中，不以为耻，反以为荣的"淫民"，则加以取缔，用剥夺来的爵禄去招来四方之士，从而为魏国的繁荣强盛创造了条件。军事上，他创立了常备"武卒"制度，使国家始终保持强大的军事力量。

李悝在全面改革的同时，还在广泛收集春秋末期以来各国法律条文的基础上，编著了我国历史上第一部系统的封建法典《法经》，用法律形式把封建地主阶级的利益确定下来。《法经》原文早已亡佚，其主要内容有《盗法》、《贼法》、《囚法》、《捕法》、《杂法》、《具法》等六部分。前四篇是对"盗"、"贼"进行关押拘捕的办法。"盗"杀人者要处以死刑，盗者全家及妻家之人都要籍为奴隶。对于"大盗"，轻者充军到边防戍守，重者处以死刑。《杂法》包括惩罚"轻狡、越城、博戏、借假、不廉、淫侈、逾制"等六种违法行为。"轻狡"是指轻狂的犯法行为，"越城"是指偷越城墙，"博戏"是指赌博，"借假"是指欺诈行为，"不廉"是指贪污贿赂，"淫侈"是指荒淫奢侈的行为，"逾制"是指应用器物超过了本人的身份。《具法》是根据具体情况加重或减轻刑罚的规定。对为非作歹的官员也有相应的处置条例，如官吏贪污受贿，丞相以下罪重者要杀头，太子赌博要受笞刑或废立。《法经》出现后，魏国一直沿用，后由商鞅带往秦国，秦律即从《法经》脱胎而成，汉律又承袭秦律，故《法经》在中国古代法律史上有非常重要的地位。李悝的改革不但使魏国很快富强起来，而且在中国历史上具有重大的意义。春秋时代，各诸侯国政治、经济、文化等的改革都是针对具体对象的行为，带有浓厚的过渡性，而从李悝开始，战国时代政治、法律、经济、军事、文化的革新逐渐步入更深入、更普遍的层面，即整个社会结构和制度的变动。从此，中国文明进入到更广泛、更深刻和更抽象的高度。

邹忌为齐相

　　齐威王即位之初任用邹忌改革，整顿齐国。邹忌以擅长鼓琴而得见齐威王，邹忌见了齐威王后，调好弦，做出要弹琴的样子，但两手却搁在弦上不弹。齐威王颇觉奇怪，问他为何不弹，邹忌称自己不但会弹琴，还知道弹琴的理论。于是从伏牺氏作琴说起，一直讲到文王、武王各加一弦，用鼓琴的节奏来说明"治国家而弭（安定）人民"的道理。他认为君主好比琴上的大弦，弹起来"浊以春温"；丞相好比琴上的小弦，弹起来"廉折以清"；政令好比指法，弹起来"攫之深而舍之愉"。弹琴要"大小相益"，"复而不乱"，这样琴音就协调好听。治国和弹琴有同样的道理。齐威王听后有所领悟，便留下邹忌，与他谈论国家大事。邹忌认为，要治理好国家、安定人民，关键在于君相掌握政令时要像四时的运转一样调理均匀。齐威王很赏识他的见解，于周显王十二年（前357年）他们相见三个月后授给他相印，并加紧整顿朝政，进行政治改革。经过变法改革，齐国逐渐强大起来。

商鞅再度变法

商鞅第一次主持秦变法取得成功并立下显赫战功，周显王十七年（前352年）秦任命商鞅为大良造，地位相当于中原各国的相国兼将军。为了进一步巩固秦国的变法成果，加强中央集权，商鞅于周显王十九年（前350年）再次变法。

"开阡陌封疆"，废除井田制。"开"即开拓；"阡陌"指亩上小田界；"封疆"是顷田上的大田界，合称为"封"。具体地讲，"开阡陌封疆"就是把标志土地国有的阡陌封疆去掉，废除土地国有。早在秦秋晚期，晋国六卿中的赵氏，就已废除井田制，商鞅变法吸收赵氏改革的经验，并加以发展，在秦国境内正式废除井田制，确认地主和自耕农的土地所有制，在法律上公开允许土地买卖，并扩大政府拥有土地的授田制度，便利地主经济的发展，增加地主政权的地税收入。

普遍推行县制。商鞅第二次变法以前，县一级的行政机构在秦国某些地区就已存在。商鞅变法将这一行政机构推行于全国，将原有的乡、邑、聚等地方组织合并为县，使之成为秦国地方政权的基本组织形式。最初设置的县有三十多个，其后，随着国土的扩张，又有所增加。每县设县令和县丞，县令是全县最高行政长官，县丞是县令的助手。此外还设县尉，掌管全县军事。县制的普遍推行，把地方政权和兵权集中到中央，加强了中央集权的封建统治。各县的政治制度形态相同，人人都要遵从，奸邪的官吏不敢玩弄花样，接替的官吏不敢更改制度，被罢黜的官吏就不敢掩盖其错误，农民专心垦殖耕作，使秦国立于不败之地。

统一度量衡制度。此前，各地度量衡不一，不便于人们的贸易往来，统一斗、桶、权、衡、丈、尺等度量衡后，地区间的商业往来十分便利，并对赋税制和俸禄制的统一产生了积极作用。

开始按户、按人口征收军赋。这一制度的推行，为秦国强大的军事力量提供了保障。

革除残留的戎狄风俗。商鞅下令革除戎狄风俗，禁止父子兄弟同室居住。秦国西南和西北都是少数民族居住区，秦在统一少数部族地区的同时，也受到戎狄风俗的影响。为了加强秦王朝的封建统治，商鞅按照中原民族的风尚、习俗改革秦的社会风俗。

迁都咸阳。秦国原来的国都栎阳位于关中平原的中部，对魏作战比较有利，而今河西地区已被秦收复，斗争的中心由河西地区转移向函谷关以东，如仍都栎阳，则以向东发展。咸阳南临渭河，北依高原，地处秦岭怀抱，既便于往来，又便于取南山之产物。如浮渭而下则可直入黄河，终南山与渭河之间就是通往函谷关的大道，水陆交通十分便利，可谓"据下之上游，制天下之命者"。所以，秦徙都咸阳，不论在经济上还是从战略上，都具有重大意义。咸阳城规模宏大，城内建筑有南门、北门、西门，由商鞅监修的咸阳宫在城内，是由众多的宫殿连接而成的宫殿群，豪华瑰丽。

这次变法同样获得了巨大成功，秦的国力在变法之后继续上升，为秦统一六国创造了条件。

申不害改革

　　申不害是郑国京（今河南崇阳东南）邑人，周显王十八年（前351年）任韩昭侯相。他任韩相期前，韩国的政治局面比较混乱，晋的旧法尚未停息，韩的新法已产生；已故之君的召令尚未收回，新任之君的召令已经下达。申不害主要针对这种状况提出了他的改革措施。他主张：国君要能够掌握生杀予夺的大权，按才能授官职，按官职考核臣仆是否称职；臣仆则要做到不在其位不谋其政。君臣间由此形成一种本与末、纲与目的关系。对百姓，他主张无为而治。

　　申不害这种尊君重权的思想来源于战国时期的黄老学派而归本于法家。他特别重视"术"的阐发和运用，与商鞅重"法"、慎道重"势"有所不同。通过他的改革，韩国内修政治，外应诸侯，国治兵强，成为与齐、楚、燕、赵、魏、秦并雄的七国之一。

商鞅刑太子师傅

　　周显王二十三年（前346年），商鞅第二次变法，从经济上和政治上进一步剥夺了旧贵族的特权，损害了旧贵族的利益。因而，新法遭到旧贵族的激烈反对。变法令公布以后，以太子驷的教师公子虔和公孙贾为首的旧贵族代表，故意违犯法令，阻挠新法的推行。其后，太子驷也犯法令，商鞅认为"法之不行，自上犯之"，但"太子君嗣也，不可施刑"。所以，商鞅的这一举动维护了法律的严正，也推动了新法的推行，但得罪了太子，留下了后患。商鞅将公子虔处以割鼻刑，将公孙贾黥面（面上刺花）。

商鞅被处车裂之刑

商鞅在秦孝公支持下，在秦国实行变法，取得较大成效，使秦国一跃而入战国七雄之列，奠定了秦统一中国的基础。但是，变法从经济上、政治上剥夺旧贵族特权，损害了他们的利益，触犯法令的贵族甚至要受到刑罚。连太子驷犯法，也由其师傅公子虔、公孙贾代受刑罚，因此宗室贵戚十分怨恨。前338年，秦孝公死。秦惠文王即位后，公子虔之徒诬告商鞅谋反，又有人用左右大臣权势太重、国君的地位就危险的道理劝说惠文王早作决断。秦惠文王遂下令逮捕商鞅。商鞅逃至关下，想住进客舍，主人见他无官府凭证，不敢留他住宿，因为按商鞅之法，收留无凭证之客住宿，与之同罪。商鞅又逃到魏国。魏人怨恨他曾诱擒公子卬，大破魏军，不肯接纳，并将他送至秦国境内。商鞅逃回商邑，聚集邑兵攻郑，但寡不敌众，商鞅被秦兵杀死在彤，又被处以车裂之刑，尽灭其家。

秦人的兴起被儒家和没落的六国视为实利和强力，从文明发展上讲，秦人做的远比没落的精神贵族和世俗贵族说的多。商鞅变法是中国文明的一个大跃进，作为一个政治家他贡献给中国文明很多的东西。

即使是他的比较一般化的东西也为新的生产关系提供了保护，他的新法从根本上铲除了宗族制，分居制提高了劳动力，也在法律上保护了个体的权利。他对无军功贵族的抑制和革除游牧民族遗风都有进步意义。

商鞅像

他开始有意识地朝大规模的统一政权发展，民户什伍制、军功制、独占工商业、郡县、开阡陌、统一度量衡及耕战生活方式的确定都不只是实利问题，而是有组织的大规模帝国文明方式的开始。

应当注意到，在这之前的各种文明观念都是小国寡民时代的。孟子的仁政正如斯巴达风格的社会模型一样只适用于小国或小城邦，对于大规模文明没有价值。

在今天，社会的发展使得人们不可能不认识到，社会性的知识、组织、工程和技术是社会进步的一个重要方面。在对古代中国的社会政治思想的评价上，这一点也是重要的。秦的文官制、大规模战争、水陆交通设施的建设、大型水利工程的进行都代表着在战国末年，社会生活已进入一个新的时代，实际上，稷下学派、合纵连横、各国大型水利工程都表明文明已经有了新的形式，孟子的仁政、墨子的非攻、纵横家的策术都是小国的政治。秦国创造的形式是文明的真正进步。

但更重要的是他们把一种制度推向全社会。秦人对中国的征服有着其内在的力量，他们的大型水利工程也表现了同样的气魄，这在战国早期是不容易见到的。秦人使战争变成了一种群体战，不但规模大（动辄几十万人），而且是总体战。

张仪相秦·展开连横策略

　　周显王四十一年（前328年），张仪相秦，开始推行其"连横"策略。

　　张仪本是魏国人。最初，他事奉鬼谷先生，学习纵横之术。后来游说于各诸侯国之间。入秦之后，秦惠文王擢用张仪为相。张仪采取联合韩、魏的"连横"策略，迫使韩、魏两国太子入秦朝见。秦派公子桑率军攻取魏蒲阳（今山西隰县），然后，张仪又请求秦惠王将蒲阳交还魏国，还使公太繇为"质子"到魏国。采取这些拉拢手段之后，张仪亲赴魏国，去劝说魏惠王议清利弊，不可对秦无礼，示意魏惠王献上郡之地作为回报。秦惠文王又派人去楚国劝说楚怀王与秦国联合，迫使魏国献上郡给秦，如此，既可有德于秦，又可削弱敌国魏的力量。楚怀王听从秦使者的说辞，宣扬已与秦联合，魏国闻讯十分惊恐。魏终于把上郡15县，包括少梁等地一起献给秦国，并与秦修好言和。秦把少梁更名为夏阳。一年后，秦将以前所攻取的焦（今河南三门峡西）和曲沃（今河南三门峡西南）两地归还魏国。

　　张仪的"连横"活动获得很大成功，在他主持下，秦对韩、魏采取又拉又打的策略，迫使这些国家就范，力图事奉秦国以求相安无事。张仪还曾率军向东侵伐，使秦完全占有了河西、上郡等地，并在河东占有土地，掌握了黄河，使秦国声威大振。

战国金冠带

战国鹰形冠饰

蔺相如完璧归赵

　　楚国有一件叫做和氏璧的宝玉，为赵惠文王所得，秦昭王听说后，表示愿意用十五城换取和氏璧。赵国君臣商议此事，担心将宝玉给秦国后，却得不到秦国的城邑；若不给，又怕秦军攻打，因而想派人到秦国去妥善办理此事。宦者令缪贤推荐蔺相如，说此人勇而有谋，可担此重任。赵惠文王召见蔺相如，蔺相如表示愿带和氏璧去秦国，如果赵国得到秦国的城邑，就将和氏璧留在秦国，反之，一定完璧归赵。蔺相如到秦国后，秦昭王在章台召见他，蔺相如将和氏璧献上，秦昭王大喜，与妃嫔及近臣传看，却全无将城邑给赵之意。蔺相如假说玉上有一小疵点，要指给秦昭王看，拿回了宝玉。他在柱旁站定，说：赵惠文王担心秦国自恃强大，得和氏璧而不给城邑，经过我劝说方才答应。赵王斋戒五天，然后才让我捧璧前来，以示对秦国威严的尊重和敬意。不料大王礼仪简慢，毫无交割城邑的诚意，现在若大王一定要抢走宝玉，我宁可将脑袋与宝玉一起在柱子上撞碎。秦昭王无奈，只得划出15个城邑给赵。蔺相如估计秦昭王不过是假意应付，便提出要秦昭王也应斋戒5日，再郑重其事地交换宝玉。秦昭王只好应允。蔺相如知秦昭王毫无诚意，便派随从怀藏宝玉，从小道返回赵国。秦昭王斋戒完毕，举行交换仪式时，蔺相如才把送宝玉回赵之事告诉秦昭王，说如果真想要和氏璧，可以先割让15城与赵，赵国绝不敢负约。他坦然承认犯了欺君之罪，表示愿受刑伏

东汉画像砖《完璧归赵》拓片

东汉蔺相如故事画像砖

诛。秦国君臣十分恼怒，主张立即处死蔺相如，秦昭王认为杀了他也得不到宝玉，反使秦、赵两国结下仇怨，于是仍按礼节召见，然后让他回国。结果秦国未将城邑给赵，赵国也未将和氏璧予秦。事后，蔺相如被赵惠文王任命为上大夫。

孟尝君联赵燕抗秦

　　秦军夺取了宋国的工商业大邑定陶（今山东定陶西北）后，为使秦国的本土能与新占的定陶等地相连接，前283年，秦昭王联合韩国攻魏。

　　秦军伐魏之初，魏昭王连夜召见相国孟尝君田文，商议对策。孟尝君认为，魏国若能得到他国救援，就不会亡国。于是魏昭王为孟尝君备下一百辆车，派他出使赵、燕去求救兵。赵惠文王起初不肯发兵救魏，孟尝君用救魏即是救赵的道理相劝导，认为赵国没有像魏国那样每年都遭掠夺，就是因为有魏国作屏障；如果魏国被打败，赵国与秦边界相连，那时赵国的土地也会每年都遭到掠夺，百姓也会大批死于战乱。赵惠文王听后决定出兵十万，战车三百乘，前往救魏。孟尝君又去燕国，燕昭王借口连年收成不好，不能去救魏国。孟尝君说，如果燕国拒绝救魏，魏国就会割让土地，屈服于秦，然后联合韩、赵，并向秦国借兵，共同攻打燕国，那时燕国处境更为险恶。燕昭王听后，便派兵八万，战车二百乘，随孟尝君救魏。韩国见赵、燕、两国军队前来救援，担心三国击退秦军后会攻掠韩国，故准备投向魏、赵、燕三国，共同攻秦。秦军见已陷入孤立地位，遂退兵回国。

战国楚高盨缶。山东泰安泰山脚下出土。

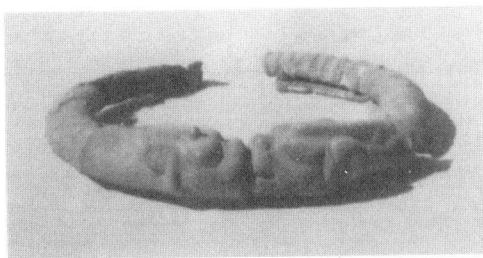

战国对虎圆铜环。环空心，作两虎相向踞伏状。吻部相接。虎作沉静安睡状，身体蜷曲成环。与铜武士俑共出，应为塞人神话传说中的动物形象。

战国对翼兽铜环。翼兽双角，双翼扬起，是一种神话中的形象。是塞人文化生活中具有影响的一种神兽形象。

范雎入秦用于秦昭王

范雎，或作范且，字叔，曾改名张禄，魏国人。起初因家境贫寒，为魏中大夫须贾家臣。魏昭王时，须贾出使齐国，范雎随行，在齐滞留数月。齐襄王听说范雎贤能有辩才，派人私赐金和牛酒。须贾闻知，怀疑范雎将魏国隐私告诉齐国，归国后禀告魏相魏齐。魏齐大怒，命舍人拷打范雎，以至击断肋骨，拉折其齿。范雎佯装死亡，魏齐令人用竹席裹卷，丢置厕中，让宾客饮酒醉者溺尿其上，以此惩戒他人不得妄言国事。范雎恳求守厕者相救，并许诺重谢。守厕者便乘魏齐酒醉，请求搬走厕中"死人"，范雎因此得以逃脱。不久魏齐察觉，下令追索。魏人郑安平为范雎改名张禄，携带逃亡。周赧王四十四年、魏安釐王六年、秦昭王三十六年（前271年），秦国谒者王稽出使魏国，郑安平乔扮卫卒，向王稽推荐范雎，又带范雎夜见王稽，深获赏识。王稽便将范雎藏匿车中带回秦国，进荐给秦昭王。

起初昭王不知其贤，让他"待命岁余"。周赧王四十五年、秦昭王三十七年（前270年），秦相魏冉越过韩、魏攻齐国刚（今山东宁阳东北）、寿（今山东东平西南）二邑，以扩展自己的封邑。范雎上书昭王，剖言自己的看法，昭王大为赏识，召见于离宫，以国事求教。范雎认为，秦国地势险固，攻守均利，人民勇而守法，军力强盛，本可轻易称霸天下，如今反倒闭关不敢东向，主要因为相国魏冉谋事不忠，而昭王计虑也有所失。范雎以为昭王的失

　　战国镶嵌鸠杖首鸠杖饰件。鸠鸟形，下有圆銎。鸠伸颈扬首，长尾拖地。鸠身饰由嵌银丝和银片组成的羽纹和云纹。造型生动，制作精良。

策在于越过韩、魏而攻强齐，舍近求远，少出师则不足以伤齐，多出兵则国内空虚；而且即便战胜，因为远离本国，也不可能长期据有，得不到实惠。因此，范雎向昭王献策说，不如远交而近攻，得寸土则王之寸土，得尺土亦王之尺土。具体措施是，先使韩、魏两国亲附，掌握天下中枢，以此威慑楚、赵，楚、赵恐惧，将附秦；而齐国惧怕孤立，也会与秦修好，这样，韩、魏两国就能为秦所谋取了。此后秦国诸王都采用"远交近攻"的策略，逐步蚕食各国。到了秦始皇，终于统一全国。

范雎相秦

秦穰侯魏冉，是秦昭王母宣太后异父同母弟。秦昭王年幼时，魏冉辅佐宣太后执政，多次出任秦相国，长期执掌朝政，权重一国。宣太后另有弟华阳君（名芈戎，一号新城君）、泾阳君（公子市）、高陵君（公子悝），凭借宣太后的荫庇，富甲王室，与魏冉同称"四贵"。范雎入秦取得昭王信任后，便向昭王指言宣太后专制，"四贵"擅权，万世之后，有秦国者非王子孙也。昭王因此在周赧王四十九年（前266年）废太后，免除魏冉相职，逐"四贵"，使各就封邑。拜范雎为丞相，封于应（今河南宝丰西南），号应侯。

这年，范雎相秦，改名为张禄，其他国都不知张禄就是范雎。魏国听到消息说秦将伐韩、魏，派须贾出使秦国打探消息。范雎知道后，身穿粗布衣服来到须贾的客邸与须贾见面。须贾见到范雎大吃一惊，问："我以为你已死了，现在干什么？"范雎回答："现在帮别人打工做庸人。"须贾十分可怜他，留他吃饭。言谈间，须贾说想见秦相张禄，范雎说可以引见。范雎回府驾驶马车前来，说是主人的马车，带须贾入相府。来到府前，范雎说先去通报一下。等了一会儿，须贾问下人："刚才进去的范雎为何这么久不出来？"下人答："与你同来的人正是秦相张禄。"须贾大惊，脱衣膝跪叫下人带入请罪。范雎升帐见须贾，历数其罪状，但又说："你现在还不会死，因为你送我绨袍，有朋友之情，所以释放你。"说完向秦昭王报告，秦昭王同意释放须贾。须贾

战国立牛葫芦笙。笙作为礼乐器，《周礼》即有明确记载。

临行前向范雎辞行，范雎宴请各国使节，安排须贾坐堂下，叫两个囚犯像喂马一样喂须贾吃豆子。范雎令须贾回去告诉魏王，速把魏齐的头拿来。须贾回去后告诉魏齐。魏齐十分害怕，逃到赵国平原君处匿藏。

黄歇使秦后任楚令尹

　　黄歇，楚国人，游学博闻，楚顷襄王时为左徒。曾出使秦国，闻知秦昭王命白起联络韩、魏共伐楚，于是上书劝阻。秦昭王听从，发使赂楚，约为盟国。后太子完入秦为人质，黄歇随往。周赧王五十二年（前263年），顷襄王病重，秦不许太子完返国探视。黄歇对秦相范雎说："一旦顷襄王死，太子完将继位楚王。如今秦国归返太子，将来'事秦必重'。如不归返，楚国另立太子，必不事秦。"范雎禀告秦昭王，昭王派使者看顷襄王病情再说。黄歇便让太子完换衣服，装扮成楚国使者的车御，逃归楚国。自己留守太子居所，谎称太子因病谢客。事后，秦昭王怒，要杀黄歇，经范雎劝说放归。之后，楚顷襄王病死，太子完即位，为考烈王。太子完即位后，任黄歇为令尹（即丞相），封为春申君，赐给淮北十二县。此时，齐有孟尝君，赵有平原君，魏有信陵君，楚有春申君，人称"四公子"。

信陵君窃符救赵

魏公子无忌为魏昭王幼子、魏安釐王异母弟，安釐王即位后被封为信陵君。信陵君仁德厚道、礼贤下士，对人无不以礼相待，各地名士都纷纷归附，出入门客三千多人，魏著名隐士侯嬴亦成为其座上客。因为信陵君德高望重、门客如云，各国诸侯十多年间不敢觊觎魏国。

周赧王五十八年（前257年），秦军围攻赵都邯郸已达三年，赵国处境日危，邯郸之民炊骨易子而食。魏信陵君姊妹是赵相平原君夫人，多次致函魏王和信陵君，请求出兵救赵。魏王派将军晋鄙率师十万救赵，秦昭王闻知，遣使威胁魏王说，赵都不日可下，诸侯有敢救者，胜赵之后必先移兵进攻他。

战国城市示意图

魏王畏惧，便令晋鄙屯军于邺（今河北临漳西南），观望战事发展。信陵君及宾客、辩士多方劝说，魏王始终不听。忠义不能两全。信陵君听从隐士侯生（名嬴）的献策，恳请如姬代窃魏王兵符。如姬是魏王宠爱的姬妾，当初其父为人所杀，三年不能报仇，信陵君得知后，派门客杀死了其仇人，如姬衔

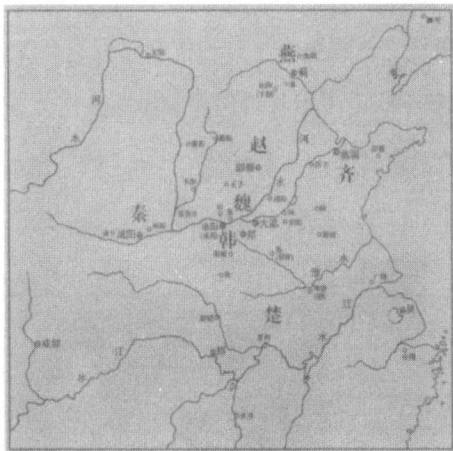

恩感激，于是窃得兵符交给信陵君。信陵君至邺，矫称魏王之命替代晋鄙为将，晋鄙合兵符，心中怀疑，被信陵君随行力士朱亥捶杀。信陵君下令军中：父子俱在军中，父归；兄弟俱在军中，兄归；独子无兄弟，归养。选得精兵八万，驰援邯郸，与楚、赵军队内外夹击，秦军大败，邯郸围解。

信陵君矫诏救赵，致使魏王十分恼怒，信陵君遂派人率魏军回国，自己则留在赵国。赵王深感信陵君救赵之情，以鄗（在今河北高邑东）为信陵君汤沐邑。信陵君在赵期间，曾千方百计寻找两位隐居的贤能之士，并与之交游。平原君得知此事，不以为然。信陵君以为平原君仁德不足，难与之为伍，欲整装而行。平原君得知，深感惭愧，向信陵君免冠谢罪，并苦留信陵君。平原君门客得知此事，大半离开他而归附于信陵君，各地贤能之士亦去依附于他。

信陵君去赵，魏国事不举，秦庄襄王三年（前247年），秦将蒙骜伐魏，攻取了魏之高都（今山西晋城）和汲（今河南汲县西南）。在魏军屡败的情况下，魏安釐王自赵召回信陵君，任为上将军。信陵君率五国之师大败蒙骜于河外，追至函谷关（今河南灵宝东北）而还，信陵君之名遂威震天下。

信陵君率五国之师伐秦大胜之后，秦以信陵君为大患，乃派人向魏王献反间之计，说信陵君欲称王，诸侯就欲立之。魏安釐王日闻谗言，不能不信，后来果然中反间计，使人降信陵君为将。

信陵君被罢免之后，称病不朝，意志郁闷沉积，与宾客为长夜之饮，且多饮醇酒，又多近女色，最后竟然因饮酒过量而于秦王政四年（前243年）卒。

信陵君在世时，秦惧其威，尚不敢大肆攻魏。后来，秦听说信陵君已病死，就派大军攻伐魏国，使魏国走向末路。

战国虎符。调兵凭证。

秦王政即位·吕不韦封相

秦庄襄王子楚位三年卒（前247年），子政立，时年十三岁。秦王政于秦昭王四十八年（前259年）正月生于赵。那时其父子楚在赵国当人质，很喜欢吕不韦的爱姬，不韦知道她已有身孕，于是献给子楚。此女怀孕十二月生下了秦王政，政即位年少，委政于吕不韦。那时秦已并巴、蜀、汉中、越宛、有郢，置南郡。北收上郡以东，有河东、太原、上党郡，东至荥阳，灭二周，置之川郡。秦王政尊吕不韦为相国，号称"仲父"。那时食客之风盛行，魏有信陵君，楚有春申君，赵有平原君，齐有孟尝君，皆喜宾客。吕不韦认为秦国虽强，宾客却少，于是广招天

战国立凤蟠龙铺首。建筑构件。造型如此巨大的铺首实为罕见，是宫门上的饰物。

下贤能之士，以至食客三千之多。那时诸侯中很多能辩之士，如荀卿等，都著书立说广布天下。吕不韦也让宾客把所见所闻所思著立成书，集有八览、六论、十二纪，共二十多万字，阐述详论天地万物古今之事，名为《吕氏春秋》。书写好后，放在咸阳市门上，并悬千金，诸侯游士宾客中如能增换一字之人，得千金。由于秦国如此重赏贤能之士，因此秦国很快昌盛，国力强大，成了诸侯之最强国。

吕不韦少府戈。钩击兵器。为秦王政五年（前242）秦相国吕不韦所用。

吕不韦自杀

秦王政平嫪毐之乱后，相国吕不韦因与嫪毐之事牵连很深，被免去相国，迁往洛阳（今河南洛阳东北）。不韦虽失权位，但宾客使者仍频繁与之来往，为其求情者络绎不绝。秦王政深恐他发动政变，乃赐书责备他，谓吕无功于秦却被封于河南，有十万户的食邑；吕与秦王宗室无亲却号称"仲父"，实在是件大逆不道之事。又命吕不韦与其家属迁蜀。

吕不韦自思难免秦王诛戮，遂服毒酒自杀，其宾客舍人偷偷地将其埋葬于洛阳北芒山。秦王政得知，下令凡参与丧葬事物之人，如果为三晋之人（指韩、赵、魏三国）就逐出秦国；如果是奉禄在六百石以上的秦国官员，夺其官爵，迁于房陵（今湖北房县）。五百石以下，未参与窃葬者，不夺官爵，亦迁房陵。并宣告此后，执掌国事的官员，如果有类似吕不韦、嫪毐这种情况的，满门抄斩。

吕不韦像

李斯谏逐客

李斯，楚国上蔡人，早年师从荀况学帝王之术，学成之后入秦，请求做秦相国吕不韦舍人。吕不韦器重李斯，任其为郎。李斯因此得以劝说秦王政：自秦孝公以来，周室卑弱，诸侯相兼并，秦乘胜而号令诸侯各国已历六世，今当及时灭诸侯，成帝业，使天下一统。如果懈怠而不迅速获得成功，诸侯重新强盛，相聚约纵，就不能兼并了。秦王十分信服，任命李斯为长史，听李斯的计谋，暗中派遣谋士携带金玉到各诸侯国游说，厚贿财物以离间君臣，大获成功，李斯又被秦王拜为客卿。

秦王政十年（前237年），韩国派水工郑国入秦帮助修渠，意图以此消耗秦国的人力、物力，减轻强秦对自己的威胁，其计谋不久为秦所觉察，再加上嫪毐之乱，吕不韦

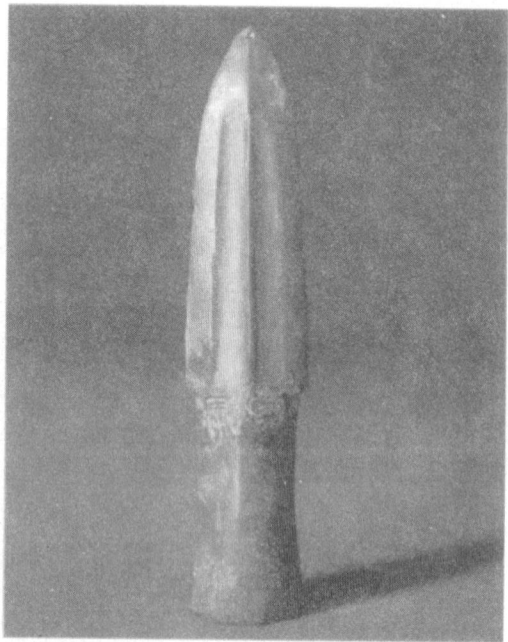

战国屏陵矛。击刺兵器。銎口扁圆，刃部呈叶状，两脊凸起，血槽宽大。銎上有阴刻铭文"屏陵"两字。"屏陵"为地名，属楚国地域。

免相，秦国一些宗室大臣认为别国人士来秦国做官都不是真心为秦，大都是为各自的君主来游说离间秦国的，请求全部驱逐。秦王政听从了这一个建议，下令逐客，李斯也在被逐之列，因而上《谏逐客书》。指出"泰山不让土壤，故能成其大；河海不择细流，故能就其深"；秦穆公用由余、百里奚、蹇叔、丕豹、公孙友，秦孝公用商鞅，惠王用张仪，昭王用范雎等外国之士而使秦日渐强大；而秦宫中之物非秦产者亦甚多，正是不产于秦国的东西可以成为秦国的宝贝，不出身于秦国的人才，大多忠于秦。下令驱逐门客只能有利于敌国而成为自己的祸患，不是统一大业制服诸侯的方法。秦王政采纳了他这一建议，废除了逐客令，恢复了他的官职并听从其计谋。二十多年后，秦始皇统一了天下，李斯成为丞相。

李斯确定篆书·秦统一文字

　　战国时，文字的形体非常紊乱，各国文字不统一，不但字体不同，同一个字所采用的声符、形符也都有很大差异。秦统一六国后，"文字异形"给政令的推行和文化的交流造成严重障碍，于是秦始皇责令丞相李斯负责对文字进行整理，除去和秦国文字出入较大的，制定出新字体作为官方文字。李斯取史籀大篆，创造小篆，并使之成为秦的官方文字。

　　李斯不仅是秦代政治家，还是书法家。他对篆书有很深的造诣，北朝王愔《古今文字志目》、南朝羊欣《采古来能书人名》，都推李斯为秦代书法家之首。为统一文字，李斯作《仓颉篇》，取史籀大篆，创造小篆，他所书的篆书骨气风韵方圆妙绝，对后代篆书影响很大。同时代的书法家赵高作《爰历篇》，胡毋敬作《博学篇》，也都以大篆作基础创造出小篆，对小篆的形成作出一定的贡献。

　　由大篆经省改而形成的小篆，形体长方，用笔圆转，结构匀称，笔势瘦劲俊逸，体态典雅宽舒；字形图画性减少，线条符号性增强，异体字已经很少，偏旁部首的写法和位置基本固定，字形比较简化，是中国文字发展史上的一大进步。小篆之后的文字称今文，之前的则是古文。

　　李斯确定篆书，秦统一文字，结束了战国以来文字异构丛生，形体杂乱的局面。篆书成为官方文字，具有权威的意义，之后历代官方更采用篆书作

印章文字。而文字的统一推动了中国
文化的统一，在中华文明史上有不可
忽视的作用。

　　秦代篆书主要用于官方文书、刻
石、刻符等，流传至今的作品《泰山
刻石》《琅琊台刻石》《绎山刻石》、
《会稽刻石》，相传都出自李斯之手。
《泰山刻石》风格圆润，严谨工整；
《琅琊台刻石》用笔既雄浑又秀丽，
结体的圆转部分更为圆活，二者都是
秦代小篆的代表作。

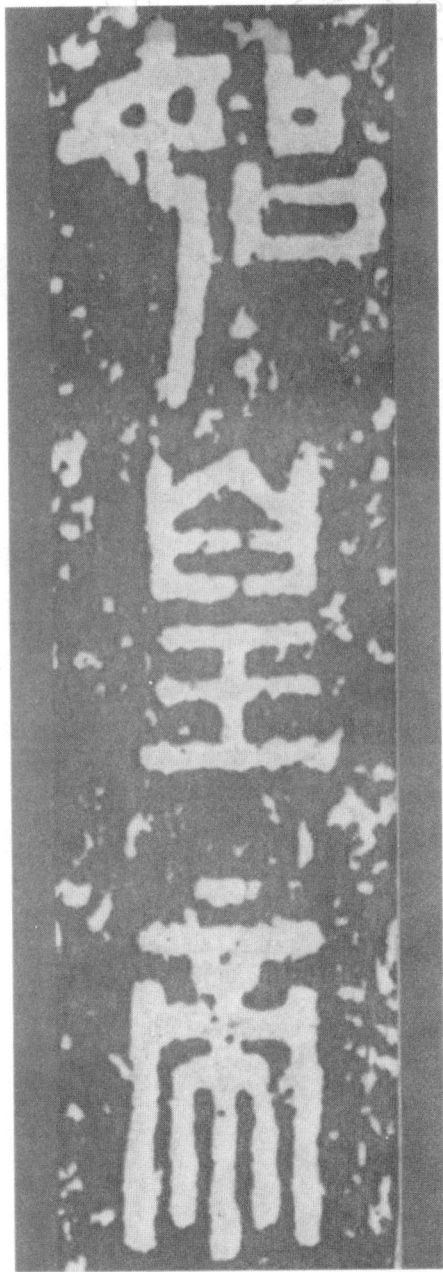

秦代书体"始皇帝"

萧何作《九章律》

　　汉高祖十一年（前196年），刘邦在亲自率军征讨陈豨反叛中得知萧何设计帮助吕后杀韩信后，随即遣使拜萧何为相国。萧何为刘邦汉天下的建立创立了卓著功勋，汉初刘邦论功分封天下，以萧何为第一。萧何在任职丞相和相国期间，推行与民休息、轻徭薄赋的政策，使汉初社会经济能够在连年的战乱后得以恢复。高祖十二年（前195年）萧何又依据秦法，并进行删削增补，制定出《九章律》，为汉朝的社会稳定起了一定作用。《九章律》又称《汉律九章》，是西汉统一后最早颁行的基本法典。现在，《九章律》原文已失传，仅知篇目为"盗律"、"贼律"、"囚律"、"捕律"、"杂律"、"具律"、"户律"、"兴律"、"厩律"。前六篇大体与秦律相同，内容以刑法为主，还夹杂有审判、囚禁等规定；后三篇为萧何新创，是有关户口、赋役、兴造、畜产、仓库等规定。《九章律》的制定为汉以后的立法奠定了基础。

董仲舒献天人三策

汉武帝建元元年（前140年）十月，汉武帝诏令各地推荐贤良方正直言极谏之人，董仲舒三次上书，献"天人三策"。武帝欣赏仲舒所献对策，任命他为江都相。

董仲舒（前197年—前104年），西汉思想家。广川（今河北枣强东）人。青年时期研读《春秋公羊传》，景帝时为博士，"下帷讲诵"，"三年不窥园"，一心钻研孔子学说。曾作《闻举》、《玉杯》、《蕃露》、《清明》、《竹林》等数十篇文章论说《春秋》得失，后合编为《春秋繁露》。他的著作以阐发《春秋》大义为名，并杂凑阴阳五行学说，加以引申改造，建立了一个宗教唯心主义思想体系。其内容进一步发挥天人感应学说，对自然和人事作各种牵强比附，把一切自然现象都说成是上天有目的的活动，强调人的行为必须符合天意，强调汉王朝的兴起正是天意的体现，以论证君权神授。并提出历史循环论的"三统"、"三正"说，把人性分为上、中、下三品的"性三品说"和维护封建统治秩序的"三纲"、"五常"说，为加强封建统治提供了理论依据。

建元元年（前140年）十月，武帝诏令各地推举贤良方正直言极谏之人，并以古今治国之道及天人关系问题亲自策问贤良。董仲舒以贤良名义上书对策三篇，献"天人三策"。在对策中，董仲舒请罢黜刑名，崇尚儒术，明确教化，广兴太学，让郡国尽心于求贤。根据《公羊春秋》立说，董仲舒在第三策中对道："《春秋》大一统者，天地之常经，古今之通谊也。"其所谓"大一统"，即损抑诸侯，一统于天子，并使天下都来向天子称臣。另外，并提出以儒家学说作为封建国家统治思想，认为凡是不在研习六艺（六经）之科、孔子之术的，都要断他们晋升的道路，不要让他们与儒学之士齐头并进。此即所谓"罢黜百家，独尊儒术"。由于他的言论适应了巩固专制皇权的需要，也有利于维护统一的封建帝国的统治秩序，因而受到武帝赏识。

董仲舒提出三纲五常

西汉唯心主义哲学家和政治家董仲舒在他的著作《春秋繁露》中提出"三纲、五常",这一道德规范,反映了当时加强君权、巩固封建中央集权的客观需要,在历史上起过一定的进步作用。

"三纲"指"君为臣纲,父为子纲,夫为妻纲"三条封建道德原则,要求为臣、为子、为妻必须绝对服从于君、父、夫,也要求为君、为父、为夫的为臣、子、妻作出表率。"五常"指仁、义、礼、智、信五个封建道德教条。"仁"即爱人、孝悌、忠恕等。"义"指封建道德规范和标准。"礼"是各种封建礼仪、制度和规范。"智"为判别是非之心。"信"系忠诚守信。这些都是用以调整君臣、父子、兄弟、夫妻、朋友等人伦关系的行为准则。作为一种道德原则、规范的内容,三纲最早渊源于先秦时期。董仲舒对孔子的"君君、臣臣、父父、子子"和孟子的"父子有亲、君臣有义、夫妇有别"加以理论概括和改造,而成"王道之三纲",提出"君臣、父子、夫妇之义皆取诸阴阳之道"是不可改变的,永恒存在的。五常则是由董仲舒在孔孟宣扬的仁、义、礼、智基础上,再加上"信"而成的,即"仁、谊(义)、礼、知(智)、信,五常之道"。东汉儒家著作《白虎通义》对三纲五常也有阐述。从宋朱熹开始,将三纲、五常联用。三纲五常是历代封建统治者套在劳动人民身上的精神枷锁,但作为一套完整的封建道德体系,它体现了封建社会的人伦关系和封建宗法等级制度。

董仲舒著《春秋繁露》书影

董仲舒病逝

太初元年（前104）年，董仲舒病逝。

董仲舒（前179年—前104年），广川（今河北枣强东）人，是思想家、政论家和著名学者。少时学《公羊春秋》，景帝时任博士。刘彻（武帝）时期，先后任江都相和胶西相，后病免居家，以修学著书而终。其思想学说主要反映在《天人三策》和所著《春秋繁露》中，主要内容如下。

①天人感应说：董仲舒认为，自然界的天是有意志的，天按照自己的模样创造了人类，如天有金、木、水、火、土五行，人有心、肝、脾、肺、肾五脏；天有春、夏、秋、冬四时，人有四肢；天有阴阳，人有哀乐等。人的形体结构、思想意识，几乎无一不是天的雏型，所以，天人之间相互感应。天拥有至高无上的权威，在人间，它将权威授予君主，所以，君权是神授的。君主代天治理人民。

②大一统说：他认为，《春秋》大一统的思想，是天地之常经，古今之通议。一切归于"一"。政治上与思想上也必须统一。政治上诸侯不得自专，思想上罢黜百家，独尊儒术，摒弃一切邪辟异说。

③三纲五常说："三纲"即"君为臣纲"、"父为子纲"、"夫为妻纲"。"五常"即仁、义、礼、智、信。他提出"王道之三纲，可求于天。天不变，道亦不变。"

董仲舒的思想学说，对汉武帝加强中央集权，实行封建专制起了重要的作用。对以后中国历史也产生了巨大影响。

儒家在中国的地位是在汉代形成的，其中董仲舒功劳最大，但奇怪的是他从形式上讲与儒家相去最远，也很少有后代儒家自称从他那里发展出来。

董仲舒把前人的抽象方式换为可理解的具体事物，他把天人性化为有性格感情的宗教神，把天、地、阴阳、人与五行并列为十端，把五行落实为君臣、父子关系，把变易的哲学变质为感应，发展了灾变论，为了解释五行循环任意编造历史，他不懂孟子的性是心之发，而分性为三品，他把孔子的礼具体化为三纲（五常），使得孔子乐教精神完全丧失，儒家成为封建伦理体系的辩护士。

总的说来，他是由阴阳五行说（神秘化了的）来规范儒家的内容。他一方面将五行神秘化，一方面将儒家思想具体化，二者结合就实质改变了儒家的性质。但他也有明显的法家化倾向，三者结合构成了一个坏的儒家古典主义标准。

他这一套在汉代有很大影响，例如刘向就基本上与他一致。

他的思想是灾变、谶纬的先驱，在汉代中叶的这两种思想中，阴阳五行、周易、宇宙论与天文、数术、数学和历史结合，成了一个庞大的体系，是汉代宇宙论方面的综合方向。它与今古文经学的再综合就表现为《白虎通义》。

董仲舒像

曹操纵横天下

　　曹操，是沛国谯（今安徽亳县）人，早年参加镇压黄巾军，锋芒初露。董卓入京后，他辞官不受，逃到陈留，聚兵五千，参加讨伐董卓的关东联军。初平三年（192年），他在济北诱降黄巾军三十余万，选其精锐，改编为自己的主要队伍，名叫青州军，从此势力大增。建安元年（196年），汉献帝由长安逃回洛阳，曹操立即迎献帝、迁都许昌，取得了"挟天子以令诸侯"的地位，在政治上占据了优势。同时，曹操又开始在许县和其他一些地方募民屯田，得谷百万斛，初步解决了军粮问题，巩固了军事势力，并拥有兖州和豫州的广大地区。

　　这时，在曹操的北面是袁绍；在南面，南阳有张绣，

曹操画像。东汉末年杰出的政治家、军事家。官渡之战，充会表现了他的才干。

荆州有刘表；在东南面的扬州有袁术；在东面徐州，先有吕布、后有刘备；在西面关陇地区，有韩遂、马腾等十数支割据势力。197年，曹操大败袁术于蕲县（今安徽宿县）。198年，曹操攻徐州，杀吕布。同时，曹操又打败了张绣和刘表的联军，第二年张绣投降曹操。建安五年（200年）初，曹操又击溃了在徐州下邳（江苏邳县）刘备的势力。他还先后派钟繇、卫觊打着汉献帝的招牌到关中笼络那里的割据势力，暂时稳定了关中的形势。然后他与当时最大的割据势力袁绍在官渡（今河南中牟东北）展开了决战。在这场战争中，曹操充分发挥了他的军事才能，指挥一两万军队大胜袁绍十万军队，从而消灭了袁绍的主力，并于次年攻占了袁绍的地盘。建安十二年（207年），曹操又率大军出卢龙塞（河北喜峰口），征蹋顿。在白狼山下的凡城（今辽宁平泉县境内），曹操大破蹋顿和袁尚的联军，斩蹋顿，降服乌桓、汉人二十余万人口。至此，曹操基本上统一了北方。

曹操兴学

　　建安八年（203年），曹操因为国内连年战乱，学校大多废置，后生已失去仁义礼让之风，于是下令郡国中人学习文学，县满五百户，就要设置校官，选乡里有才华的人教学。同时规定公卿、六百石以上官吏和将校子弟为郎、舍人的，都可以诣博士受业。如果可以精通一部经书以上，就可以由太常分等级授官阶。曹操兴学对汉末教育的发展和文学的发展都起了巨大的作用，尤其是他按所学经书多少授官阶，刺激了全国上下学习文化知识，有利于封建文化的继续发展。

诸葛亮出《隆中对》

建安十二年（207 年），刘备亲至襄阳隆中访问隐居在那里的琅琊名士诸葛亮。诸葛亮（181 年—234 年），字孔明，三国时期大政治家兼军事家，时称"卧龙"先生。刘备在荆州时，访贤若渴，司马徽和徐庶向他推荐诸葛亮。刘备三访隆中才见到诸葛亮。刘备与诸葛亮在隆中畅谈天下大势和个人志向，并向诸葛亮求计。诸葛亮向刘备提出"东联孙吴，西据荆益，南和夷越，北抗曹操"的统一全国的方略。诸葛亮为刘备分析天下形势，建议他乘机夺取荆州、益州，以此二地为基业，据险要地势，坚守不放，然后与江东孙权结好，与西南少数民族融洽相处，在国内修明法度，广积粮草，整顿军队，发展生产，充实地方实力，静静观望时局变化，一伺时机成熟，马上向北抗击曹操，统一全国，完成霸业。这就是著名的《隆中对》。刘备听后大喜，如鱼得水，于是请诸葛亮出山辅佐自己。从此诸葛亮成为刘备的主要谋士，也成为刘备集团中举足轻重的人物，为蜀政权立下了汗马功劳。而《隆中对》也就成为指导刘备集团斗争的路线。

古隆中三顾堂

曹操平定关中

　　建安十六年（211年）三月，曹操命司隶校尉钟繇征讨汉中郡（今陕西汉中东）张鲁。进兵汉中必经关中，于是钟繇进兵关中。当时关中（古称幽谷关以西为关中，古幽谷关在今河南灵宝东北）诸将各据一方，而其中以马超、韩遂二股势力最强。关中诸将以为钟繇将要袭击自己，一时俱反。马超、韩遂、侯选、程银、杨秋等十将合兵十万，屯据潼关（今陕西潼关县北），阻挡曹军进关。七月，曹操派曹丕留守邺城，亲率大军赶赴潼关前线。八月，曹军兵至潼关，与马超等军夹关对峙。曹操见潼关一时难以攻下，暗中派大将徐晃、朱灵先渡过黄河，然后接应全军北上渡河进击。曹军渡过渭河后，

南京古石头城遗址。孙权曾在此依山筑城，因江为池，与曹操、刘备形成三足鼎立之势。

在渭南安营与马超等军对峙。马超等慑于曹军声威，请求割地求和，曹操不许。马超率军来战，曹操又坚守不出。不久，马超等再次求和。曹操假意许和，使用分化瓦解之计，离间关中诸军。时机成熟后，曹操出兵与关中军决战，大破关中诸军，阵斩关中将成宜、李堪等人。马超、韩遂、杨秋逃离关中，杨秋投降。十二月，曹操留大将夏侯渊驻长安镇守关中，自己率军回师。至此，曹操完全平定了关中。

诸葛亮严令治蜀

刘备于建安十九年（214年）闰五月进驻成都后，诸葛亮辅佐刘备治理蜀地，法度严明。法正对诸葛亮说：过去汉高祖进入函谷关，曾与民约法三章，秦朝的百姓十分爱戴他。现在我希望您能减轻刑法，放松禁令，让这里的老百姓也能感恩于你。诸葛亮解释说：秦朝法令太严苛了，使百姓怨气冲天，汉高祖用刑松驰，可以济大事。而刘璋昏庸懦弱，不施行德政，也不严肃法令，使国家混乱无序。现在必须采取严明的法度，使奖惩分明，善恶各得其所，才可以奖善惩恶，才可以"荣恩并济，上下有节"。诸葛亮以严治蜀后，果然蜀地社会安定，生产加速发展，人民安居乐业，国事渐渐强大，蜀地的经济、政治、文化面貌一时焕然一新。诸葛亮严令治蜀，为蜀国日后的发展做出了贡献。

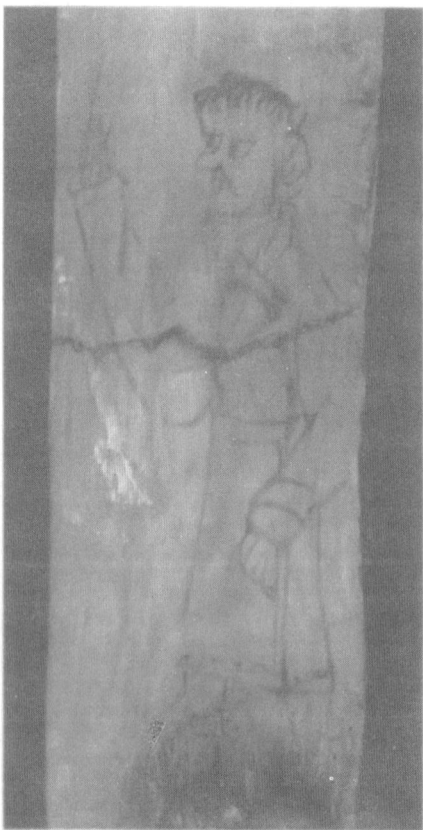

东汉木板画羌人图

诸葛亮七擒孟获定南中

三国时期，在蜀汉的南部，即今之云南、贵州和四川的南部，当时称为"南中"，散居着许多少数民族，总称为"西南夷"。刘备定蜀后，置都督控制南中，并用南中地区的夷汉豪强担任地方官。但蜀在南中的统治极不巩固。

建兴元年（223年）刘备死后，牂柯郡（今贵州凯里西北）太守朱褒，益州郡（今云南晋宁东）的大姓雍闿，越嶲郡（今四川西昌）叟族首领高定同时反叛，雍闿还缚送太守张裔到东吴，并派孟获到各地煽动夷人反对蜀汉。面对这种情况，肩负着统一全国、兴复汉室重任的诸葛亮，就必须安定后方，首先实现他"南抚夷越"的策略。

刘备死后，经过一年多时间的内部整顿，"闭关息民"后，蜀建兴三年（225年）诸葛亮亲自带兵南征。出师前，他采纳部将马谡的建议，制定了以抚为主的攻心战术。七月，诸葛亮由越嶲入南中，派马忠率东路军进攻牂柯，消灭朱褒的势力；又派李恢率中路军自平夷（今贵州毕节）直趋益州郡。他亲率主力军进攻高定，接着渡泸水（金沙江）进入益州。这时雍闿已被高定的部下杀死，孟获代替雍闿为主，收集雍闿余部抵抗诸葛亮。孟获在当地少数民族中很有威望，所以诸葛亮根据自己的既定方针，决定生擒孟获，使他心服归降。八月，蜀军在与孟获军接战中，果然生俘孟获。诸葛亮让他参观蜀兵营军阵，问他有何感想。孟获答道："过去不知道蜀军的虚实，所以被打

诸葛亮擒孟获处碑

败了。如今承蒙允许参观营阵，如果只是我见到的这种情况，再战时我肯定能够获胜。"诸葛亮听后大笑，立即将孟获释放，让他回去统兵再战，就这样七擒七纵，孟获终于心服口服，发誓南人不再反叛蜀汉了。于是诸葛亮进入滇池，仍然委任孟获等渠帅在当地为官。

诸葛亮七擒孟获平定南中，不仅解除了蜀汉的南顾之忧，稳定了后方，而且从南方调拨了不少人力物力，充实了蜀汉的财政力量，从而可以专心于北方，挥兵北向秦中了。而七擒七纵，折服孟获的过程，更成了我国历史上攻心战术的范例。

诸葛亮六出祁山攻魏

刘备死后，诸葛亮辅佐蜀后主刘禅，在安定内部，经营益州和平定南中后，又恢复了与吴的联盟。自蜀建兴五年（227年）起，诸葛亮便开始率军北伐曹魏，至建兴十二年（234年）共六次出师，俗称"六出祁山"。

建兴五年，诸葛亮率军北屯汉中，准备北伐。次年（228年）正月，诸葛亮派赵云、邓芝诈为疑兵，将魏军部分主力吸引到郿县一线，自己实则亲率大军攻祁山（今甘肃西和祁山堡）。诸葛亮兵锋所向，魏军望风披靡，魏天水、南安、安定三郡相继叛魏降蜀，魏国朝野震动，立即派曹真在郿迎敌，派张郃督步骑五万在祁山抗击诸葛亮。诸葛亮派参军马谡为先锋，率军与张郃战于街亭。然而马谡不听诸葛亮的指挥，被张郃切断水道，大败军溃。诸葛亮进无所据，只好率军退回汉中。

同年（228年）冬天，诸葛亮听说魏将曹休攻吴失败，魏兵东下，于是第二次出师。诸葛亮引兵数万出散关，围陈仓。因陈仓围攻20多天不克，粮尽退兵。

建兴七年（229年）春，诸葛亮派陈式进攻魏武都、阴平二郡，取得二郡，班师回蜀。

建兴八年（230年），魏将司马懿、张郃、曹真分三路进攻汉中。诸葛亮率军北上，屯于城固（今陕西城固西北）赤坂。适逢大雨，道路不通，魏军

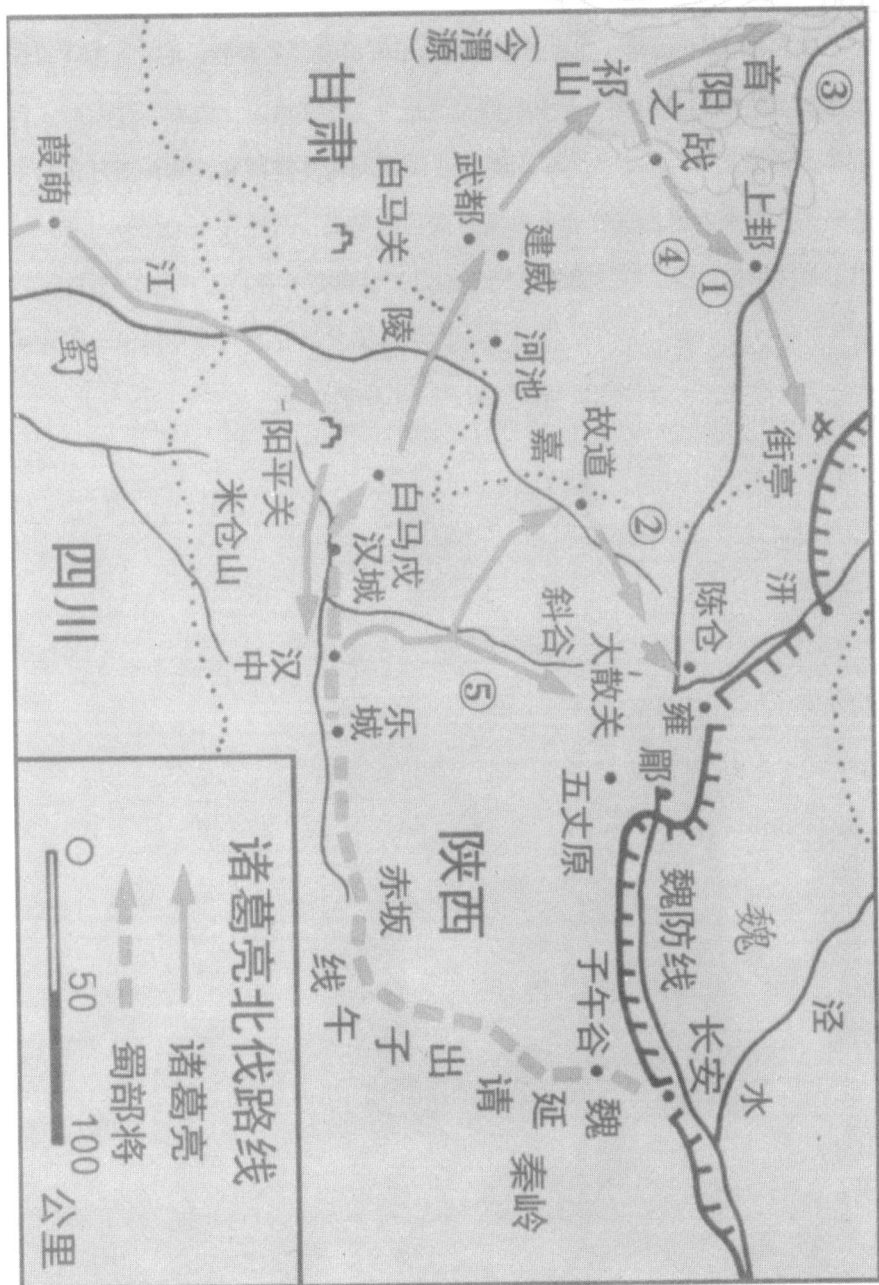

諸葛亮北伐路線圖

圖例：

→ 諸葛亮
⇢ 蜀部將

比例尺
0　50　100 公里

地名：洴、陳倉、雍郿、魏防線、長安、秦嶺、子午谷、魏延、請出子午、赤坂、五丈原、樂城、白馬戍、漢城、陽平關、米倉山、漢中、白馬戍、建威、河池、故道、斜谷、大散關、武都、白馬氐隴、祁山、上邽、冀陽之戰、甘肅（今渭源）、葭萌、江、蜀、四川、陝西、魏、涇水

③ ④ ① ② ⑤

因而退回。

　　建兴九年（231 年）二月，诸葛亮出军围祁山，造木牛运粮。蜀军斩杀魏军 3000 人，大胜。六月，诸葛亮因粮尽退军。张郃追击，被蜀军射杀。

　　建兴十二年（234 年）春，诸葛亮领兵十万出斜谷攻曹魏，四月，蜀军抵郿占据渭水南岸的五丈原（今陕西眉县西南），与北岸二十万魏军相对峙。由于多次军粮不继，中途退军。同年八月，诸葛亮不幸病死，蜀军只好撤退。诸葛亮六次与曹魏的战争，实际上一次为防御战，五次为主动出击，而从祁山出兵仅两次，所以"六出祁山"的说法并不准确。

诸葛亮二上《出师表》

建兴五年（227 年）三月，诸葛亮率军北驻汉中（今陕西汉中东），准备北伐中原，完成兴复汉室的大业。临出师前，他上《出师表》给蜀帝刘禅，开宗明义地指出："先帝创业未半而中道崩殂。今天下三分，益州疲弊，此诚危急存亡之秋也。"他希望后主能"亲贤臣，远小人"，严明法治。并表明自己的心迹："受命以来，夙夜忧叹，恐托付不效，以伤先帝之明。"认为"今南方已定，兵甲已足，当奖率三军，北定中原"，并以"臣不胜受恩感激，今当远离，临表涕零，不知所言"结束。《出师表》是古代著名的散文作品，其文风质朴清新，平易近人，情辞恳切，肝胆照人。次年正月，诸葛亮兵发祁山，由于前锋马谡违背了指挥，败于街亭（今甘肃庄浪），诸葛亮只好退兵。

同年十一月，诸葛亮听说魏将曹休攻吴失败，魏兵东下，关中空虚，便决定再次出兵击魏，但许多大臣怀有异议，为此诸葛亮第二次上表，请求后主刘禅允许北伐，这就是《后出师表》，其中"汉、贼不两立，王业不偏安"，"鞠躬尽瘁，死而后已"成为千古传颂的名句。

诸葛亮总结其军事思想

三国时著名的军事家诸葛亮，为蜀汉的建立及与曹魏、孙吴三分天下立下了汗马功劳。他一生征战南北，以善于用兵名闻天下。他撰有《兵法》五卷，总结其军事思想，可惜今天这些著作已遗佚。现存两部题名为诸葛亮撰的兵书《将苑》和《便宜十六策》，在论将、治军，用兵方面都有独到之处，在一定程度上反映了诸葛亮的军事思想，至今仍有很好的借鉴作用。

诸葛亮在《将苑》一书中主要论述对将帅的要求和将帅的作用。他指出，将帅必须始终掌握好兵权，指挥军队才能得心应手，否则就会像鱼儿离开了江湖，无所作为。因此，他主张慎重用将，选派将领时应该依据各人能力大小加以应用，不能不加区别胡乱遣将。在《将苑·将才》中，他列举了九种类型的将才，即仁将、义将、礼将、智将、信将、步将、骑将、猛将、大将。这九种将各有特点，要根据个性特征加以任用，以最大限度发挥各自的聪明才智。

诸葛亮还十分重视将帅的品德修养和能力养成，认为一个合格的将帅应该"贫贱不能移，富贵不能淫，威武不能屈"；善于用兵，把握敌我形势，运筹帷幄；还应刚柔相济，即具备"将志""将善""将刚"三个条件。另外，对将帅的模范作用，诸葛亮也极重视，他告诫将帅要以身作则，切忌贪得无厌、妒贤嫉能、犹豫不决等八种弊病和骄吝习气，避免谋不能料是非、政不

成都武侯祠

古隆中。诸葛亮在此向刘备提出统一全国的谋略，即著名的《隆中对》。

三国铜弩机。相传诸葛亮曾加以改进。

能正刑法等八种不良现象，努力做一个善将，而不要成为庸将。

诸葛亮在历史上以善于治军而闻名。在《便宜十六策·治军第九》中，他将治军同国家安危联系起来，充分表现了他对治军的重视。他认为治军要重训练，以"教令为先"。训练包括军事技能和思想教育两方面，通过对士兵目、耳、心、手、足五个方面的专门学习（即《便宜十六策》中所说的"五法"），让他们掌握作战的基本知识和本领，使他们在军事技能和思想上得到基本训练，建立一支训练有素的队伍。为了达到这一目标，诸葛亮不仅在理论上，也在实践中强调以法治军，严明赏罚，从严治军，"赏赐不避怨仇，诛罚不避亲戚"，为后世树立了从严治军的榜样。

有了良好的将才和训练有素的军队，诸葛亮也注重谨慎用兵。他在《便宜十六策》中论述了用兵的一般原则，说"用兵之道，先定其谋"，主张在用兵之前做好谋划，并严守机密，知己知彼，有备而战，严格选将用兵。在实战中要求速战速决，进攻要快；在具体的作战方法上，诸葛亮在《将苑·战道》中，针对不同地形提出五种作战方法，此外，他还非常注意对作战对象的研究，提出不同的作战对象应有不同的应付方法和作战方式。这种研究战争的方法颇为可取。

诸葛亮在选将、治军、用兵等方面的军事经验，至今仍值得借鉴。《将苑》和《便宜十六策》所反映的诸葛亮军事思想，代表了三国时期军事思想的发展水平，在继承前人思想的同时有不少发展和创新，是中国古代军事思想宝库中不可缺少的组成部分。

诸葛亮死于五丈原

蜀建兴十二年（234年）八月，政治家、军事家、蜀丞相诸葛亮因积劳成疾病逝于五丈原（今陕西眉县西南）第五次北伐的军中，终年54岁。

诸葛亮，字孔明，琅琊阳都（今山东沂水南）人。东汉末年，隐居邓县隆中（今湖北襄阳西），留心世事，以才学被称为"卧龙"。建安十二年（207年），刘备三顾茅庐，请他出山。他向刘备提出占领荆、益二州，联吴抗曹，统一全国的战略，即著名的《隆中对》，随即成为刘备的谋主。以后诸葛亮劝刘备联合孙权，共破曹操于赤壁，进而占领荆、益，形成与吴、魏鼎足而三的局面。刘备称帝后，委任诸葛亮为丞相。不久，刘备病死，后主刘禅即位，封诸葛亮为武乡侯，兼任益州牧。诸葛亮受遗诏辅佐刘禅，事无巨细，都必躬亲。当政期间，他首先安定内部，经营益州，然后平定南中，安抚夷越，进而挥师北伐，进击中原。为蜀汉政权，他忠心耿耿，竭尽全力，真正实现了他提出的"鞠躬尽瘁，死而后已"的誓言。诸葛亮励精图治，任人唯贤，吏治严明，赏罚必信，又长于巧思，曾制连弩、木牛流马；并推演兵法，作八阵图。他还善用攻心战术，如对孟获七擒七纵，使他归顺蜀国，就是著名的范例。他具有远大的战略目光，一直坚持联吴抗曹的正确方针。诸葛亮在文学方面也有所建树。他的散文文笔清新率直，文章质朴无华，感情真挚，《出师表》是他的代表作。另有乐府诗《梁甫吟》也比较著名。

诸葛亮死后，按其遗命葬于汉中定军山（今陕西勉县南），被追封为忠武侯。汉景耀六年（263年），蜀后主又下诏为诸葛亮立庙于五丈原。

诸葛亮像。中国人崇尚的不是希腊神话里阿瑞斯那样的冲锋陷阵的勇士，而是诸葛亮这样的羽扇纶巾、运筹帷幄的儒帅。

陆逊去世

吴赤乌八年（245年）二月，吴丞相陆逊因被吴大帝孙权责罪，愤懑而卒。

陆逊（183年—245年），本名议，字伯言，吴郡吴（今江苏苏州）人，世代为江东大族，孙策之婿。善谋略，因功被封为娄侯。他为人寡言，言必中肯，举止庄严。用人处事，以朝廷为重，不以个人好恶为轻移。

陆逊最初为孙权幕府，后荣升为右部督。攻打丹杨山越后，获得精兵数万人。汉建安二十四年（219年），同吕蒙一起议定了白衣渡江袭取荆州之计，夺得荆州，擒杀了蜀大将关羽。吴黄武元年（222年），刘备率倾国之兵，讨伐东吴，为二弟报仇。年轻的陆逊受命于危难之际，任大都督之职，率兵五万西拒刘备，隐忍七八个月不战，直到蜀军疲惫，移居草木之地，才顺风放火，以寡敌众，取得著名的夷陵之战的胜利。吴黄武七年（228年），又在石亭（今安徽怀宁、桐城间）大破魏将曹休。陆逊曾建议增广屯田，并兼任荆州牧，被封为江陵侯。吴黄龙元年（229年），陆逊又被委任为上大将军、右都护。长期驻守东吴重镇武昌（今湖北武昌），独挡蜀汉一面的战和。孙权对陆逊多有依重，每次写给蜀国的书信，常常先交给他过目，若有不妥之处，便做修改。吴黄龙元年（229年）孙权迁都建业后，仍让陆逊留守武昌，辅佐太子登。吴赤乌七年（244年）顾雍去世后，他继任吴丞相。当时，吴太子和与鲁王霸争夺太子位，陆逊屡次上疏陈述嫡庶之分，因此得罪于晚年已刚愎自用的孙权，数遭其责让，愤恚瞀怀，终于以 63 岁而终。陆逊的外甥顾谭、顾承、姚信也因亲附太子获罪，被流放。陆逊去世之后，孙权将杨竺所奏陆逊二十事拿来一一问于陆逊之子陆抗，才稍为释怀。自此之后，东吴朝中耿介之臣日少，朝政渐坏。

双陆图为漆木双陆，中国古代博戏用具。共有棋子三十枚，一半为白子，一半为黑子，分属对阵的双方。双陆约在魏晋时从印度传入中国。

王导主晋

王导（276年—339年），字茂弘，琅琊临沂（今属山东）人。西晋末年，王导追随琅琊王司马睿，协助他建立东晋政权，又助他树立君主威信，逐渐得到江南大族的拥护。历仕元、明、成三帝，对东晋政权制度的制定和创设多有所贡献，官至大司马、丞相。曾受命参加平定华轶、徐龛、王敦、苏峻、祖约之乱，曾两次接受遗诏，做辅国重臣，深得晋帝信任。尤为成帝所敬重。咸康元年（335年）三月，王导因病未上朝，成帝亲自到他的府第，看望王导夫妇。同年四月，任命王导为大司马，都督中外诸军事。咸康四年（338年）

东晋白虎画像砖。是为"四灵"中最凶恶之形象。虎纹两旁，饰连环半圆球纹。

六月，任命王导为丞相，罢司徒官，与丞相府合并。咸康五年（339年）七月卒，享年64岁。成帝为他举行了三天丧礼，丧礼之隆重一如汉博陆侯及安平献王旧事，还参用天子之礼。同年八月，晋成帝因王导病卒，又把丞相改为司徒。

王导为人简素寡欲，待人宽厚，虽辅佐元、明、成三帝，但仓无储谷，衣不重帛。在他主政期间，他率领南迁士族，联合江南豪门望族，共同维持东晋政权的稳定。

谢安执政

东晋太元元年（376年）正月，谢安被授与中书监、录尚书事等职，执掌东晋大权。

太元二年（377年）七月，东晋朝廷任命尚书仆射谢安为司徒，谢安不愿由此而失去实权，因而谦让而不受。东晋朝廷给谢安另加授侍中、都督扬、豫、徐、兖、青五州诸军事职，谢安才愿意上任。

谢安是名士，有注重大事而忽视小事的缺陷，喜爱音乐，也喜欢登山宴饮，挥麈清谈，举止风度为人爱慕。参与国家政事后，他为牵制桓温，保护晋廷立下了汗马功劳。执掌东晋政权后又采取措施防止谢氏家族权势过盛，并妥善安排当时已失势的桓氏家族，使他们各得其位，保证了东晋政局的相对稳定。谢安在位时还破格提拔人材，放手任用，为东晋在弱势情况下取得淝水之战的胜利创造了有利条件。

后来谢安受到司马道子排挤，迫不得已上疏自求北伐，未得同意，不久得病，于太元十年（385年）病死。

谢安像。东晋著名宰相谢安与侄子谢玄在淝水之战中扮演了重要角色。

宇文泰创府兵制

西魏大统九年（543年），西魏宇文泰正式创建府兵制。

西魏大统八年（542年），宇文泰开始创置六军，按相传的周制，每军一万二千五百人。当时兵源为关陇豪右的亲党和乡人，军队统帅由大小豪右充当。实质上，这是由氏族血缘关系组成的地方军队。这就是最早的"府兵"。这支军队战斗力并不强，在次年的邙山战役中被歼过半。自此以后，宇文泰蓄心创建更完整的"府兵"。

魏初设有"柱国大将军"的官职，此衔位高权重。尔朱氏当权时，尔朱荣曾当此职，地位也随之高过宰相。大统三年（537年），西魏文帝封宇文泰为柱国大将军，此后有官显功高的朝廷重臣也领过这个职衔。任柱国大将军的共有八人，即安定公宇文泰，广陵王元欣，赵郡公李弼，陇西公李虎（唐高祖李渊之祖），河内公独孤信，南阳公赵贵，常山公于谨，彭城公侯莫陈崇。八人中宇文泰权势最重，监督各军，总揽兵权；元欣因为是宗室，不过挂个空名，过问一下政事，并无实权。其余六个柱国大将军分统六军，每人各统两个大将军，六军中共有十二个大将军；每个大将军又各统两个开府将军，共二十四个开府将军；而每个开府将军各领一个军，实际上有二十四个军。这支新建的府兵到大统十六年（550年）已初具规模，比大统八年"初置六军"时，人员多了四倍，总计达三十万之众。

新建六军的最高统帅合称为"八柱国"，取意于八个柱国大将军。二十四个官中，每军下设仪同将军，以下团有大都督，旅有帅都督，队有都督等中下级军官。当时，西魏全国共设一百个"府"，从民间选有才力者为府兵。府兵本身的租税劳役征调，一切免除。府兵平时务农，农闲时操练。他们的马畜粮食，一律由统军的六个柱国大将军统筹，另外每府设一个郎将，郎将负责管理征集、行役、退役等事务。兵士根据户等高下，丁口多寡，才力强弱进行选拔，户籍属于军府，不属于郡县。由于具有"私兵"性质，府兵的战斗力很强。这就是由宇文泰创建的西魏府兵制。到了北周时府兵制已有变化，隋唐之际则由发展完备以至于逐渐衰亡。

宇文泰仿古建六官

西魏恭帝三年（556年），大丞相宇文泰接受苏绰、卢辩建议，开始仿照《周礼》官制实行复古色彩的六官制度。六官，指天官、地官、春官、夏官、秋官、冬官六府机构。天官府，设大冢宰卿一人为长，小冢宰上大夫二人为副。北周初，五府总于天官，大冢宰成为百官之长，相当于宰相之职。后武帝亲掌军政大权，大冢宰无权统辖五府，成为宫廷事务总管；地官府设大司徒卿一人为长，小司徒上大夫二人为副负责土地、户籍、赋税等事务；春官府设大宗伯卿一人为长，小宗伯上大夫二人为副，负责礼仪、祭祀、历法、乐舞等事务；夏官府设大司马卿一人为长，小司马上大夫二人为副，负责军政、军备、宿卫等事务；秋官府设大司寇卿一人为长，小司寇上大夫二人为副，负责刑法狱讼及诸侯、少数民族、外交等事务；冬官府设大司空卿一人为长，小司空上大夫二人为副，负责各种工程制作事务。

六官之制成为北周王朝中央政府主要组织形式，直至隋文帝杨坚代周称帝，于开皇元帝（581年）恢复晋以来发展形成的三省制度，六官制才被废除。

　　北周陈海龙等造四面像碑。该碑为四面造像，正、背面各雕造像三层。正面每层一主龛，两旁各四小龛，计佛、弟子像十三尊，三层共计三十九尊。其上层与中层主龛内为立佛，下层是坐佛。主像两旁站有二弟子。上层佛头破损。其余小龛均为坐像。主佛螺发高髻，两肩窄小，身披袈裟。或坐或立或侧身，面目慈祥微笑。雕刻精细，线务流畅自如。

杨素权被剥夺

隋文帝仁寿二年（602年）十二月，杨坚下令尚书左仆射杨素只理大事。外示优崇，实夺其权。

杨素（？—606年），字处道，弘农华阴（今属陕西）人，士族出身。北周武帝时任司城大夫等职。隋文帝杨坚灭陈时，他率水军从三峡东下，因功封越国公。开皇十年（590年），镇压荆州和江南各地的反隋势力。后又亲率大军多次平定突厥对北部边境的骚扰。功绩昭著，被拜为尚书左仆射。杨素因受隋文帝的信任，权倾一时。其家人也沾他的光，皆位居高官，其弟杨约及叔父杨文思、杨文纪、族父杨忌并为

隋代文吏俑

尚书、列卿，诸子无汗马功劳，位至柱国、刺史；广营资产，自京师及各地大都市，邸店、碾、垍的田宅，不可胜数；家僮数千人，后庭妓妾以千计。开皇二十年（600年），太子勇失宠于文帝、独孤后，晋王广图谋夺太子的位置，私下交结党羽，杨素协助广废太子及蜀王。这以后，杨素的权威愈加强盛。朝臣中有意见不同的，竟至诛夷；有附会他及他的亲戚，虽无才能，必加以提拔，名将名臣如贺若弼、史万岁、李纲等，都被暗加中伤。一时间朝廷靡然，没有不害怕杨素的。只有兵部尚书柳述、大理寺卿梁毗敢与之抗衡。仁寿二年（602年），梁毗见杨素专权，担心他会成为国家的祸患，于是上书文帝，论及此事。文帝读罢，大怒，将梁毗下狱，并亲自责问他。梁毗极言"杨素专宠弄权，将领之处，杀戮无道"等等。文帝于是释放了他。这以后，文帝渐渐疏忌杨素。于同年，敕："仆射国之宰辅，不可躬亲细务，但三五日一向省，评论大事。"实夺杨素之权。在文帝统治的最后几年，杨素不再通报省事。杨广登基后，对杨素也是外示殊礼，内情甚薄。

汉王谅起兵反杨广

　　隋仁寿四年（604年）八月，汉王谅起兵反杨广。杨广派杨素率军平息之。

　　汉王谅是隋文帝杨坚第五子，颇受杨坚宠爱。杨坚命其为并州总管，自太行山以东，至于沧海，南距黄河，52州都归其管辖，且拥有精兵。杨坚特许他便宜从事，不拘律令。到开皇二十年（600年），太子勇因谗言被废，谅常常快快不乐。后来看见蜀王秀也得罪被免，心里更是惶恐不安。于是借防范突厥，发工役，大修武备，招募人马约数万人。谅常想起兵，其谘议参军王颎及陈氏旧将萧摩诃赞成他的想法。仁寿四年（604年）七月，杨坚死后，杨广派车骑将军屈突通携杨坚玺书召谅入朝。谅与杨坚曾有约在先，如果有玺书召其入朝，敕字旁另加一点，还要与玉麟符相合。而屈突通所带玺书无验，谅知其有变。仁寿四年（604年）八月，汉王谅以讨杨素为名起兵。总管司马皇甫诞切谏，谅不听。随之起兵的有十九州。王颎及总管府兵曹裴文等均劝谅直指京师，谅遂以大军分赴占领河阳、黎阳等地，向长安进军。杨广以杨素为并州道行军总管、河北道安抚大使，率众数万讨谅，以前江州刺史李子雄为大将军，拜广州刺史，发幽州兵三万会击。杨素率轻骑五千偷袭谅军，攻下蒲州，然后将兵数万进讨，谅兵力不及，不听部将劝谏，加之气候不佳，被杨素军大破，退守晋阳，杨素进兵围之，谅无奈，请求投降，余众全部被平息。群臣上奏汉王谅应当被处死，杨广不同意，将他除名为民，绝其属籍，谅最后幽禁而死。谅属下的吏民受谅牵连而被处死和迁徙的有二十余万家。

隋白瓷鸡首壶

隋代捧罐女俑。女俑双手捧一小罐，恭谨而立，似在等候主人的吩咐，为
一侍女形象。

魏征进谏

　　魏征（580年—643年）字玄成，唐朝贞观时期名相，因善谏而著称于世，钜鹿下曲阳（今河北晋县西）人，为唐初"贞观之治"的出现起过举足轻重的作用。

　　魏征从小胸怀大志，贯通书术。617年，参加瓦岗军起义，为李密所重。次年瓦岗军被王世充打败，魏征随李密投奔李渊，遂为唐臣。武德九年（626年）六月，"玄武门之变"，李世民取得胜利，次年李渊退位，李世民登基，即唐太宗，改元贞观。太宗素重魏征之才，引为太子东宫詹事府主簿，拜谏议大夫，后相继任给事中、尚书右丞、宰相、侍中、左光禄大夫、封郑国公，晚年曾为太子太师。

　　魏征不仅有卓越的文治武功，而且有一套系统的政治思想，总结了历代治国安邦之道，在中国古代政治文明史上是无与伦比的。由于唐朝是在农民起义中取得统治地位的，因此魏征在奏章里经常提醒李世民"怨不在大，可畏惟人，载舟覆舟，所宜深慎"（《贞观政要·君道》），并建议李世民要"十思"，后见李世民渐好奢侈，又上了《论十渐疏》，指出李世民"渐不克终"的十个问题，这"十思"、"十渐"的中心思想，是要求李世民严于律己，宽以待民，不能横行恣意，以防"覆舟"之祸，这便是贞观年间与民休息政策的思想基础，李世民采纳了魏征的建议。同时魏征与唐太宗讨论如何用人时

魏征像

提出亲疏并举、德才兼备的用人标准："乱代惟求其才，不顾其行；太平之时，必须才行俱兼，始可任用。"(《贞观政要·择官》)这样加深了唐太宗对用人重要性的认识，使之能知人善用。

唐太宗为防止乖谬，改正错误，广开言路，求谏纳谏，魏征常为一件小事与太宗争得面红耳赤。魏征进谏所言事两百多件，达数十万言，且都面对皇帝直言奏陈，他还提出了"兼听则明，偏听则暗"的政治思想，列举秦二世、梁武帝、隋炀帝"偏信"而亡的事实，说明君主"兼听"就会有天下大治，"偏信"就会造成天下大乱。在太宗朝廷上，他机智勇敢，每每犯颜进谏，虽激怒皇帝，但他神色不移。魏征能做到这一点，与他刚直廉洁的政治品格关系密切。唐太宗甚至把贞观时期的政绩归之为"魏征之力也"(《旧唐书·魏征传》)。可见魏征的批评和主张得到了李世民的接受和采纳，为唐代文明的繁荣打下基础，也为后世提供了许多可供借鉴的统治经验。

魏征卒

魏征（580年—643年），字玄成，馆陶（今属河北）人，唐初政治家。先任太子建成洗马。太宗即位后，爱惜征才，拜为谏议大夫，贞观三年（629年）任秘书监，参予朝政，校定秘府图籍。后一度拜相任侍中，封郑国公。

太宗对魏征深为信任，有时引至卧室，问天下事。魏征以讽谏出名，被誉为"前代诤臣一人而已"，屡次谏止太宗意气用事，伤民图乐，好大喜功。有时令太宗下不了台。魏征还特别提醒太宗要防微杜渐，善始善终，贞观十三年（639年）上"不克终十渐"书，尖锐批评李世民政不如前。魏征前后陈谏二百余事。多次劝太宗以隋亡为鉴。曾提出"兼听则明，偏信则暗"；君好比舟，民好比水，"水能载舟，亦能覆舟"；必须"居安思危，戒奢以俭"；"任贤受谏"；"薄赋敛，轻租税"，"无为而理"等著名的政治谏言。其政治言论集于《贞观政要》。

贞观十七年（643年）正月，魏征病危，太宗遣使问候，并赐以药饵。魏征卒，太宗命九品以上官员均赴丧，赠给羽葆鼓吹，陪葬昭陵。魏妻裴氏因魏征平素节俭，不接受羽葆鼓吹，只用布车运灵柩下葬，太宗谓众臣说："人以铜为镜，可以正衣冠；以古为镜，可以见兴替；以人为镜，可以知得失；今魏征殁，朕失一镜矣！"太宗自制碑文，并亲自书写在石头上。

魏征除《贞观政要》外，还著有《隋书》的序论与《梁书》、《陈书》、《齐书》的总论，主编有《群书治要》，有《魏郑公集》。

郭子仪、李兴弼成名

郭子仪、李兴弼在反安史叛变中成名，成为中兴名将。天宝十四年（755年）十二月十九日，玄宗因功加郭子仪御史大夫。又命郭子仪罢围云中，还朔方，集兵力进取东京，并选良将一人帅兵出井陉，定河北。子仪遂推荐李光弼，至德元年（756年）正月九日，以光弼为河东节度使，分朔方兵一万人由其帅领。

至德元年（756年）二月二日，加李光弼为魏郡太守、河北采访使。李光弼统领蕃、汉步骑万余人、太原弩手三千人出井陉，二月三日，至常山，解饶阳之围。

李光弼败史思明于常山解饶阳之围后，两军相持四十余天，思明遂绝常山粮道，城中缺草，马无饲料。光弼派五百辆车至石邑（今河北石家庄西南）取草，押车士卒皆衣甲胄，以弩手千人护卫，为方阵而行，叛军欲夺而不能。

宋李公鳞《免胄图》，描述郭子仪单骑退敌情景。

叛将蔡希德率兵攻石邑，张奉璋击退之。此时郭子仪已从朔方增选精兵进军于代州（今山西代县），光弼遂遣使求救于子仪，子仪即帅兵自井陉出。至德元年（756年）四月九日，至常山与光弼会合，蕃汉步骑共十余万。四月十一日，子仪、光弼帅军与叛军大将史思明战于九门（今河北正定东南）城南，思明大败，率残兵逃奔赵郡（今河北赵县）。

郭子仪、李光弼收兵还常山，史思明收罗散卒紧跟其后，子仪乘叛军疲时挑战，败之于沙河（今河北新乐、行唐之间）。至德元年（756年）五月二十九日又与叛军战于嘉山（今河北曲阳），大败之，杀四万余人，虏千余人。思明坠马，露髻跣足而逃，奔于博陵（今河北定州），光弼遂帅兵围博陵，军声大振。于是河北十余郡纷纷响应，杀叛军守将而归顺朝廷。

李光弼守太原

至德二载（757年）正月，叛军大将史思明从博陵（今河北定州），蔡希德从上党（今山西长治），高秀从大同，牛廷介从范阳，共帅兵十万，来攻太原。

当时李光弼麾下精兵皆赴朔方（今宁夏），所余团练兵皆乌合之众，不满万人。思明以为太原指日可下，然后长驱北上取朔方、河西、陇右。太原诸将闻叛军十万来攻城，皆惧，议修城以守。于是帅士卒及民众于城外凿壕以自固。又作砖坯数十万块，众人都不知其所用。及叛军攻城于外，光弼则增垒于内，城坏者则用之修补。光弼军令严整，虽叛军不攻，逻卒亦不

李光弼像

　　天王像。河北邯郸响堂山的唐代天王造像，虽然头部与胸部已不完整，但天王的勇猛气韵犹存。

敢丝毫懈怠，叛军无机可乘。光弼又在军中选有小技者，各尽其用，得安边军（今河北蔚县）三个钱工，善于穿地道。叛军在太原城下抬头叫骂，光弼就派人从地道出曳其脚拉入城内，临城斩之。从此叛军行走皆先看地面。叛军用云梯、土山以攻城，光弼则挖地道以迎击，近城则陷。叛军逼近城头，光弼就作大炮，用来发巨石，一发击毙 20 余人。叛军只好退至数十步外，远地围住。光弼又遣人诈告叛军说，刻日出降，叛军喜，不为设备。光弼遂使士卒在叛军营周围挖地道，以木头顶住。至约好时间，光弼领兵在城上，遣裨将领数千人出城，伪作投降，叛军都在观看。忽然营中地陷，死者千余人，叛军大乱，光弼则帅兵乘机鼓噪出击，俘斩万计。

杨绾拜相改革

　　唐大历十二年（777年）四月，杨绾被授予宰相之职，辅佐李豫（代宗）改革弊政。

　　杨绾，华州华阴人，天宝年间进士，历任起居舍人、礼部侍郎、吏部侍郎、国子祭酒、太常卿等职。杨绾为官公正平允，以德行著称，本质性情贞廉，车服俭朴。元载专权，百官多数依附之，只有杨绾清贞自守。元载伏法后，代宗任命杨绾为中书侍郎、同平章事，下诏之日，朝野相贺。当时郭子仪正在邠州行营大宴宾客，闻讯后，急忙把在旁奏乐者裁掉五分之四；京兆尹黎干，以前每次出入都有骑士随从百余人，从当日起即刻减至十人；御史中丞崔宽家富财重，所建别墅宏伟奢侈，此刻也忙命人偷偷拆毁。此外，望风而变奢从俭者，数不胜数。

　　杨绾担任宰相后，针对元载对所定官俸厚外官而薄京官、随情徇私、多少不等的状况，请求代宗增加京官俸禄，每年约十五万六千余缗。地方官俸禄自节度使以下逐渐减少，以多补少，上下有序，力求公平。

　　对地方兵制，杨绾也加以整顿，罢除了诸州团练守捉使，并将刺史任免权收归中央；规定诸州兵为"官健"和"团结"兵两种，并限定名额。

　　代宗正当依靠杨绾进行改革之际，绾却因疾病缠身，于同年七月病重去世。

宋一代名相赵普去世

淳化三年（992年）七月，宋朝宰相赵普去世，享年71岁。

赵普（921年—992年），字则平，宋幽州蓟县（今北京大兴）人。后周时官职曾达到归德军节度掌书记，是赵匡胤（太祖）的亲信幕僚，曾积极策划陈桥兵变，拥赵代周。入宋后官运亨通，先因拥戴太祖有功，授以右谏议大夫，充枢密值学士，建隆三年（962年）升任枢密使，乾德二年（964年）便居宰相高位，从此为相十余年。他针对五代藩镇割据、君弱臣强的情况，建议宋太祖削弱臣下的兵权，罢免名高资深的大将所掌握之禁军要职，为宋中央集权制度的加强立下汗马功劳。

在统一诸国的战争中，赵普参与制定"先南后北"的方略。开宝六年（973年）因专断，以权谋私被罢相降职，太平兴国六年（981年）参与制造"金匮之盟"，说杜太后命赵光义（太宗）继位得以复相，参与迫害秦王廷美；八年（983年），再次被贬官；端拱元年（988年），第三次入相；淳化元年（990年）任西京留守，三年（992年）病死，封谥号忠献，追封真定王。

赵普为相，刚毅果断，能以天下为己任，但性情深沉多虑，缺乏雄才大略。又因他常读《论语》来决断政事，故有"半部论语治天下"的说法。

寇准去世

天圣元年（1023年），寇准去世。

寇准（961年—1023年），宋代政治家，字平仲，宋华州下邽（今陕西渭南下邽镇）人。太平兴国五年（980年），进士及第，授大理评事、知巴东县，徙知成安县，改通判郓州（今山东东平），因受到宋太宗赵光义赏识，留京任职。宋真宗赵恒即位，徙知河阳、同州、凤翔府。咸平二年（999年），权知开封府；次年，权三司使；景德元年（1004年）八月，出任同中书门下平章事（宰相）。闰九月，辽军大举南下，朝野为之震骇。寇准主张坚决抗击，王钦若、陈尧叟等大臣却力主迁都江南以避敌锋芒，最后寇准力排众议，促成真宗亲临澶州前线，此举极大振奋了宋军士气，促使辽圣宗与承天太后决意议和，订立"澶渊之盟"。王安石"澶州"诗云："欢盟从此至今日，丞相莱公功第一"。景德二年（1005年）二月，为王钦若所谮，寇准被罢相，出知陕州。此后十余年间虽又两次入相，但均未久任。天禧二年（1018年），因真宗病重，寇准密奏请太子监国，事泄，被罢为太子太傅，封莱国公。丁谓等乘机诬陷，寇准被一再贬逐，直至雷州司户参事。天圣元年（1023年）闰九月，病逝贬所雷州（今广东海康），终年六十三岁。宋仁宗朝追谥忠愍，留有《寇忠愍公诗集》。

范仲淹上书言事

　　庆历三年（1043 年）五月，由于灾异现象屡次出现，范仲淹上书建议君臣勤修政事，并提出了六条具体意见，其主要内容包括：灾异现象屡屡出现，朝廷内外大臣必须同心同德，共度难关；朝廷派遣使臣前往全国各地，审理各种刑事案件，减轻刑罚；全国各州县长官对当地贫苦百姓进行统计，一些实在生存不下去的老百姓应由官府予以救济；凡在宋夏战争中伤亡的将士之家，国家应予以适当抚恤；边境之民被西夏军队掳掠者一律由政府负责用钱将他们赎回；各地官府不得强行督催百姓因贫穷而拖欠国家的赋税，等等。范仲淹认为倘若朝野上下下大力气解决了上述问题，天下就会长治久安。

范仲淹庆历兴学

从庆历三年（1043年）起，范仲淹开始推行教育改革。

范仲淹认为，首先要恢复制科，重视教育，以选用人才；其次改革常科考试，主张以运筹天下之大略为主，以诗词文赋来考核生员；他还主张"敦教育"，即恢复州郡的学校之制、大兴官学。从以上几点可以看出，范仲淹一是重视寒俊，广开仕途，对官僚子弟不学无术而坐享荫恩十分不满。二是重视实学，斥贬浮伪。

庆历三年（1043年），范仲淹将教育改革主张上书皇上，揭开了庆历兴学的序幕。措施主要有：一、皇上下诏令州县兴学，规定士必须在官学学习一定时间才能应考；二、振兴太学。以拥护新政的著名学者孙夏、石介主持，采用胡瑗的苏湖教法，且设立四门学，允许中小庶族地主子弟入学；三、改革科举考试方法。范仲淹的庆历兴学随着他的庆历新政的失败而告夭折，但是其成就和影响却很大。

首先，庆历兴学之诏为地方办学提供了合法凭据，普遍激发起地方办学的热潮，州县办学盛况空前，即使新政失败后，还有许多新政人士继续创办地方学校。其次，庆历兴学对太学、国子学的整顿和改进，开创了中央官学的空前盛况。再次，庆历兴学勇于冲破传统束缚，反对因循守旧的革新精神，影响了一代士风，开创了北宋教育领域乃至社会中各个领域的变革时代。

此外，范仲淹庆历兴学提倡经济实学，力图把学校教育、科举取士和经世治国三者有机联结起来，形成以学校为主体、科举为手段、社会需要为最终目的的新型教育体制，这个目的虽未实现，但它在一定程度上改变了学校完全附属于科举的局面，加强了学校的社会功能，是我国历史上第一次对科举制本身的挑战，也是一次伟大的尝试。

范祥改革盐法

宋朝政府从庆历二年（1042年）开始，采用范宗杰的建议，对解盐采取官府垄断专卖的制度，由政府征发老百姓运盐。由于路途遥远，损耗颇为严重，商人大多勾结官吏，虚估入中货物，耗费大量官盐。范祥是邻州三水人（今陕西旬邑县），了解官盐通商与官卖的利弊。他认为应改变官盐运销办法，国家可由此节省财政支出数百万贯。庆历四年（1044年）二月，范祥将自己的计划和盘托出，上呈朝廷，得到恩准。朝廷于庆历八年（1048年）十月正式下诏开始改革盐法。本月，范祥被任命为陕西路提点刑狱公事兼任制置解盐使，变两池交引法和官卖法，行钞盐法，一切通商。其方法为按盐场产量定其发钞数量，统一斤重，书印钞面。令商人在边郡折博务缴纳现钱买盐钞，至解池按钞取盐贩卖。并在京师设置都盐院置库储盐，平准盐价，盐贵则卖，盐贱则买；同时允许商人凭钞到都盐院提取现金，以保证钞值的稳定及商人和消费者的正当权益，官盐得以畅销。

宋代海盐生产图

范仲淹作《岳阳楼记》

范仲淹（989年—1052年），字希文，苏州吴县（今江苏吴县）人，是北宋初年著名的政治家、文学家。他于宋真宗大中祥符八年（1015年）进士及第，宋仁宗庆历三年（1043年）官至参知政事（副宰相）。从参加政治活动开始，范仲淹就积极主张革除时弊。庆历三年七月，他提出了十项政治改革方案，皇帝让他主持庆历新政，终因受到保守派阻挠而未能实施。他在文学上的主张与其政治革新的要求相一致，认为"国之文章，应于风化，风化厚薄，见于文章"，功利目的较强，反对那种"专事藻饰，破碎大雅，反谓古道不适于用"的浮华文风。他擅长词赋文章，所作政论趋向古文，流传后世的有著名的《岳阳楼记》。

《岳阳楼记》立意高远，气势磅礴，充分抒写了范仲淹作为一个政治家的开阔胸襟和远大抱负。其时范仲淹已因新政失败而遭贬谪，但文中毫无消沉沮丧之笔，而是一开篇就展示了"衔远山，吞长江，浩浩汤汤，横无际涯；朝晖夕阴，气象万千"的洞庭湖壮观景色；接着立足岳阳楼，渲染湖上阴晴不同所致的环境及一般骚人迁客由此生发的心境；最后引出古仁人超脱环境影响"不以物喜，不以己悲"的高尚境界作为典范，表现了自己追步先贤，以国家社稷的安危为重，不计个人穷通得失的情操。

《岳阳楼记》的艺术表现手法很有特色。首先，文章虽为"记"，但不囿

《岳阳楼图》，前晋李升画。

于一般亭台景物记的常例，构思新颖，将视野扩大到一楼之外，突破了时空的限制，借景抒情，使全文为阐述自己的理想和追求服务。其次，文章熔议论、写景、抒情于一炉，将古仁人的忧乐与一般人的悲喜两相对照，将景物的变化与对人生真谛的思索结合一处，寓规劝之意而不露痕迹，入情入理，说服力与感染力都极强。第三，文中多用四言，以散语叙事议论，以骈语写景抒情，骈散相间，文采斐然颇有诗意。

《岳阳楼记》以其深刻的思想、深远的意境、深沉的情怀而深入人心，成为千百年来传诵的名篇。其中的名句——"先天下之忧而忧，后天下之乐而乐"，不仅受儒家正统的推重，更以其崇高的境界成为历代志士仁人的理想人格追求。

王安石主张"文章合用世"

王安石（1021年—1086年），字介甫，号半山，抚州临川（今江西临川）人，北宋著名的政治家、文学家，唐宋八大家之一。

作为一个有抱负的大政治家，王安石一生致力于变法革新的政治理想，其文学主张亦带有明显的政治功利目的。他曾抨击西昆派文人"杨刘以其文词染当世"，并积极投身于欧阳修倡导的北宋诗文革新运动。随着变法思想的形成，他的文学观更明确地强调经世致用，其核心即"文章合用世"（《送董传》）。他认为"文者，务为有补于世用而已矣；所谓辞者，犹器之有刻镂绘画也。诚使巧且华，不必适用；诚使适用，亦不必巧且华。要之以适用为本……"（《上人书》）在他看来，"适用"乃是作文的前提，文采、形式是次要的，物器能用即可，不必太过花俏。他的文学实践充分体现了这些理论。其中以文章的影响和成就最大，卓立于唐宋八大家之列。

政论性散文在王安石的文章中占了很大比重。这些作品，大都针对时弊，以议论说理、驳难辨析见长。如《本朝百年无事劄子》，系统地分析了北宋百年以来的政治情况，希望神宗能革除"因循末俗之弊"，表现了他对社会现实的关心和刚毅果断的政治家风度。又如著名的《答司马谏议书》，言简意赅地剖析了司马光对新法的责难，措词坚决而又委婉，政治态度鲜明。还有《读孟尝君传》，从历史实际的客观分析出发，指出鸡鸣狗盗之徒出其门正是孟尝君不能得士的明证，以新颖独到的见解驳斥了孟尝君善养士的传统观念。这些政论文见识高远，组织严密，析理精微，辞锋锐利，富于鼓动性，充分体现了王安石作为政治家的气魄和眼光。这些文章往往以短小精悍取胜，行文"简而能庄"。《答司马谏议书》以三百多字驳斥了司马迁三千多字的指责，文章"劲悍廉厉无枝叶"。《读孟尝君传》全文不满百字，却波澜起伏，跌宕生姿，清人沈德潜评价该文："语语转，字字紧，千秋绝调"，是古来短文中的名篇。

王安石的记叙文亦很有特色。他早年宦游州县时，写过不少记叙性散文，多属意于借端说理、载道见志，而不重写景状物、铺陈点染。如他的游记名篇《游褒禅山记》，以兴叹为主，记游是辅，表明他因游而悟的治学道理。

王安石为文早年主要师法孟子和韩愈，后得欧阳修指点，兼取韩非的峭厉、荀子的富丽和扬雄的简古，融会贯通，形成气雄词峻、峭刻幽远而又朴素无华的独特风格。虽然议论过多在记叙性文章中有时影响了形象性，且文采不足，但王安石的文章在宋代仍不失为第一流的作品，不仅对后人影响很大，即使当时在政治上反对他的人，亦推崇他的文学成就。

范仲淹去世

宋皇祐四年（1052 年），北宋著名政治家、文学家、资政殿学士、户部侍郎范仲淹去世，终年 64 岁。

范仲淹（989 年—1052 年），宋苏州吴县（今江苏苏州）人，大中祥符年间进士。为官以后，政绩显著，建树颇多。常自诵"士当先天下之忧而忧，后天下之乐而乐"。天圣初，任泰州兴化令，主持修筑捍海堰，世称"范公堤"。康定初负责对西夏的防务，筑城营田，对防御西夏起了重要作用。庆历年间，又改革吏治，发展农业，加强武备，被称为"庆历新政"。他还每每慷慨激昂，抨击时弊，奋不顾身，开创了一代士大夫重视气节之风。在个人生活方面，他勤俭持家，好善乐施。他独具慧眼，提拔一大批年轻有为的官僚，因而美名远扬。所到之处，多施仁政。他去世后，羌人部落几百名酋长共同在寺院表示哀悼，"号之如父"，斋戒三日，方才离开。朝廷追赠谥号为"文正"。

范仲淹的去世，使宋朝又失去了一名重要政治家。

明人安正文画笔下岳阳楼。岳阳楼历来为文骚客所独尊，范仲淹的《岳阳楼记》成为千古美文。

了解**历史**丛书

影响中国发展历程的100位名相

王安石上万言书

宋嘉祐三年（1058年），王安石移提点江南东路刑狱，入为三司度支判官后，向仁宗皇帝上长达万言的奏章，名为《上仁宗皇帝言事书》。

万言书中，王安石初步提出要改革法度。他认为当前朝廷所面临的严重局势是由于国家制定的法令、政策和一些措施违背了前代的做法，所以要改变现有法度。而要改革现有法度，必须培训和选拔一批德才兼备的人才，才能达到预期目标。王安石主张从四个方面培养、选拔合格人才。其一，王安石认为州县之学徒具虚名，难以发挥作用，主张以经世致用之学传教；其二，倡导节俭，惩治贪官污吏，增加吏人俸禄，促使他们清正廉洁；其三，王安石认为通过科举考试出身的官员没有多少实际能力，由恩荫入官的官僚也不知其才干如何，此类选拔人才的方法不能采用；其四，在任用官员方面应因人而异，不能让一些官员经常变换工作环境，使官员不熟悉正常的事务。

王安石还指出了法度的变更与否同掌握国家政权的君主有密切的关系，认为只有贤明的君主才能将变更法度的工作坚持到底。

这篇万言书是王安石变法的立脚点，但未被仁宗皇帝采纳。

王安石"熙宁新法"失败后退居的南京半山园

王安石像

王安石与司马光就理财问题争论

　　王安石在变法前，就与司马光在理财问题上发生根本的分歧。王安石认为宋代"积贫"的主要原因不在于财政支出过多，而在于生产甚少。他认为理财的最好办法就是广开财源，即"因天下之力以生天下之财，取天下之财以供天下之费"，从而扭转政府财政亏空的局面。而司马光在嘉祐七年（1062年）的《论理财疏》中也提出了自己的理财方针，他认为自然界所能生产的物质财富一般都保持在一定的数量上，只会因水旱等自然灾害而增产或减产。而财政支出过多，冗官、冗兵、冗费等是造成国家财政紧张的直接原因。因而司马光的理财方针是节流，即节省一切不必要的财政开支。这样就能解决国家的财政危机。熙宁元年（1068年）九月，王安石与司马光同时被任命为翰林学士时，就理财问题，又发生一场争论。变法派所实施的一切措施都遭到了以司马光为首的一些官僚的反对，司马光还攻击王安石的理财方针违背了孔孟之道。王安石写了有名的《答司马谏议书》，对司马光的诘难进行了有力的反驳。

任用王安石颁行均输、青苗及水利诸法

宋神宗即位后，于熙宁二年（1069年）任王安石为参知政事，开始变法。

熙宁二年二月，经神宗与王安石商讨，为实行变法而设立了一个专门机构——制置三司条例司，负责制定新的财政经济政策，变革旧法，颁行新制，以通天下之利。

熙宁二年七月，制置三司条例司上书宋神宗，认为目前国家财政危机异常严重，而京师的需要和地方上贡情况互不通气，因而六路（江南、荆湖等六路）上贡的地区花大力气、高价钱运输到京师的财物，因京师不需要，往往以半价出售，造成富商大贾囤积居奇、操纵物价的严重情况。因此，制置三司条例司建议实行均输法。即增设发运使一职，总计六路赋税收入情况，并详细了解六路各地区财货的有无、多寡而互相协调。发运使还必须了解京师仓库储存物品情况，从而向各地征取所需物资，以防止商人囤积居奇。宋神宗即任命薛向为发运使。均输法的实行，在"便转输、省劳费，去重敛，宽农民"等方面，收到一定的成效。

熙宁二年九月，王安石根据自己早年在鄞县（今浙江宁波）任官时实施的借贷粮食给老百姓、秋后计算利息以偿还的经验，并参照李参在陕西地区推行青苗钱的例子，改革常平仓制度，实施青苗法：将过去负责调节谷价的常平仓及负责赈济贫疾老幼的广惠仓所积粮谷兑换成现钱，每年青黄不接时，于夏秋两次向城乡居民借贷，届时随两税归还，或缴纳现钱，或按价折为粮米。青苗法的实行，在限制高利贷盘剥等方面收到成效，朝廷也获得大量利息。

熙宁二年十一月，宋颁布实施农田水利法，又称农田利害条约或农田水利约束。此法的主要内容是，凡农田如荒闲可事垦辟，瘦瘠可变肥沃，旱地可为水田等，吏民皆得自言，由州县斟酌统一实施。行之有效者，予以奖励。农田水利原则上由受益人户按户写出工业科兴修。州县官吏于农田水利做出成绩后，量其功利大小，予以酬奖或超迁。此法实行后到熙宁九年（1076年），全国共兴修水利一万零七百九十三处，受益民田三十六万多顷，公田一千九百一十五顷，收到了显著的成效。

王安石倡新学

北宋时期杰出政治家、哲学家王安石（1021年—1086年）吸收老子、商鞅、韩非子等道家、法家思想，创立了具有朴素唯物主义思想的儒家学派，史称"荆公新学"，在中国学术思想史上占有一席之地。

王安石，字介甫，号半山，江西临川（今江西抚州）人，世称临川先生、荆公。庆历二年（1042年）他中进士第四名及第，历任签书淮南判官、鄞县知县、舒州通判、提点江东刑狱、参知政事及宰相，长期的官吏生涯，使他对北宋的社会弊病有较深的了解，产生了变法思想，嘉祐八年（1063年），王安石回江宁为母亲奔丧，得以有空闲潜心钻研历代儒家经典，开始收学徒扩大影响，受业在他门下的有许多著名学者，如陆佃、蔡卞、龚原、王雱等人，逐渐形成一个学派，人称"荆公新学"，它一开始就受到刚产生的理学派的攻击。熙宁变法期间，他历行变法，设置"经义局"，编撰《三经新义》和《字说》，完全改变汉唐以来章句注疏的风气，对《诗》、《书》、《周礼》三经作了全新的诠释，并在科举考试时采用经义和策论选拔人才。《三经新义》于熙宁八年（1075年）颁布于学官，成为"荆公新学"的代表作和当时士子必读的教科书。

王安石有"天命不足畏、祖宗不足法、流俗不足恤"的思想，他指出灾异或祥瑞乃是自然界的反常现象，"天"没有意志，没有感情，因而也不能对人的善恶行为作出相应的反应。他强调天人的区别，为人的活动争取主动地位。王安石还通过解释《洪范》提出水、火、木、金、土五行是构成万物的五种物质元素，五行的变化推动了天地万物的变化，万物变化的根据在于"元气"内部存在着阴阳，阴阳既相矛盾又相配合，二者的对立统一是宇宙发展的客观规律。王安石对宇宙生成和变化的描述排斥了任何神秘的观念，用物质元素来解释客观世界具有唯物论和辩证的思想。王安石反对天人感应说，也反对不顾客观规律行事的观点，他主张人的活动要"顺天而效之"，即以对天道的认识为基础，认识必须在观察天地、山川、草木、虫鱼、鸟兽的活动中才能得到，因而他认为人的知识是在后天经验和学习中形成的。王安石对认识的这种理解具有明显的唯物主义反映论倾向。

王安石的"新学"表现出鲜明的经世致用性质，他从"天道尚变"，人应遵从天道的观点，引伸出"天下事物之变，相代乎吾之前"，"必度其变"，对法度政令也应时有损益的思想。王安石的变法思想成为对宋代现实政治、经济生活影响最大的思想体系之一。

王安石倡导的"新学"盛行了六十年左右，南宋以后逐渐衰落，它对结束汉儒章句训诂起了重要作用，对后世思想的发展有较大的积极影响。

王安石兴学

范仲淹庆历兴学虽然失败了，但太学依旧由孙复、胡瑗这些赞同教育改革的学者主持，教学活跃且有相当规模，地方上保留了许多州县学校，一些开明的地方官不时地创办新的学校，下层庶族地主子弟读书仕进的热情依然很高，这都为熙宁年间的王安石兴学准备了有利的社会条件。

王安石是北宋著名的政治家。在熙宁兴学前，他做了大量的实地调查，热心创办学校，并进行了教育改革的理论探索。他认为学校教育的目的在于讲明道德和性、命原理，仅仅学习知识而不去实践就失去了学习的本旨，把圣人之道和实际运用联系起来，才是学习的最终归宿，王安石还贬斥浮华荡肆的学风。

嘉祐三年（1058年），为进行教育改革，王安石作《上仁宗皇帝言事书》（简称《万言书》），系统地阐述了自己的教育改革理论，他看到教育在社会变革中的促进作用和当时学校中教师有其名无其实，教材空疏无用的弊端，为改变现状，必须进行教育改革。

熙宁二年（1069年），宋神宗下诏改革科举制度。主要措施有：一、改革太学体制，扩其规模、实行三舍法。所谓三舍，即把太学分为三个不同级别的"舍"，太学生按学业程度循序渐进，三舍学完之后，优秀者可直接委以官职。二、改革人才选拔制度。就是除了科举这一选拔人才方式之外，在太学

王安石像

中也立舍，通过太学也可以得到官位，这就打破了科举的"垄断"地位，强化了学校的职能，和范仲淹庆历兴学是有其内在的一致性的。三、颁布《三经新义》。熙宁六年（1073年）设经义局，专门编写《诗》、《书》、《周礼》三经义，王安石亲手写了《周礼新义》。《三经新义》成为官方考试、讲经所依据的标准教材，改变了考试时经说纷异的局面。它的编写，进一步控制了学生的思想，统一了士论。四、创建整顿国子监、地方学校及各种专科学校。王安石从太学分取解额四十人，允许要官亲戚入读，这样，国子监略具教养之实。王安石还非常重视专科教育，恢复武学，改进武举考试制度，又设置了律学、医学，培养了大批专业技术人员。

王安石的熙宁兴学，在地方官学上也有举措，首先为地方学校拨充学田，解决了北宋长期学费不济的问题，还在地方设置学官，加强对地方教育的控制，尤其是地方学官的选任都是赞同变法的学者，学官直接由中央任免，这样就有效地控制了州县教育和士论。

王安石的熙宁兴学，有力地推动了北宋教育事业的发展。从中央到地方建立了一套相对完整配套的教育网络，在思想上敢于破旧立新，提倡经学实用的风气更是被后人称做楷模。但兴学也有许多弊端，如太学中法规过于细密，不利于学术交流；以一部《三经新义》垄断天下，排斥诸家之言，也有害于文化的全面发展；甚至屡兴太学疑狱，迫害持异论的文人。这些本非王安石的本意，但客观上极大地削弱了兴学的积极影响，为后来蔡京的文化专制主义的推行埋下了祸根。

元丰八年（1085年），宋神宗去世，宣仁太后执政，排斥新党人物，次年废除兴学举措，王安石的熙宁兴学失败了。

王安石去世

元祐元年（1086 年）四月，王安石病卒。

王安石（1021 年—1086 年），字介甫，号半山，江西临川（今江西抚州）人。庆历四年（1044 年）进士第四名及第，历任签书淮南（扬州）节度判官厅公事、知鄞县（今浙江宁波）、舒州（今安徽潜山）通判，一度调开封任群牧司判官，旋又外调知常州、提点江南东路刑狱公事，继召为三司度支判官、知制诰。熙宁初，王安石以翰林学士的身分同赵顼（神宗）议论治国之道，深为赵顼器重。熙宁二年（1069 年），王安石出任参知政事。次年（1070 年），又升任宰相，担负起改革的重任。

王安石罢相后，退居金陵，醉心于佛教，恍然有所收获。王安石去世后，其政敌司马光给吕公著写了一封信，对王安石的一生进行了盖棺论定。司马光认为王安石的文章、诗赋和其个人品德不同凡响，很少有人能达到他的这种水平。但王安石"性不晓事"，他疏远忠臣，任用阿谀奉承之辈，败坏祖宗以来的法规，达到了难以收拾的程度。司马光的书信目的是为了让最高当局对王安石的逝世进行照顾，厚施恩惠，以达到使轻薄之徒振聋发聩的目的。王安石去世后，朝廷下诏停止上朝两天，同时根据王安石的遗愿，特批王安石的子孙七人做官，并下令当地地方政府尽全力办理好他的丧事。

李纲像

金军进攻宋京·李纲坚守开封

靖康元年（1126年）正月初三，金军渡过黄河的消息传到开封，徽宗来不及等到天明，当天半夜就只带着蔡攸、宇文粹中和几个内侍仓惶出通津门东逃。一直逃到泗州（今江苏盱眙）才敢稍稍停留休息。这时，童贯、高俅率领胜捷兵赶到，又怂恿徽宗渡淮河往扬州（今江苏）。当徽宗过浮桥时，随驾卫士攀望号哭，童贯怕影响逃跑速度，竟命令亲军放箭，不少卫士中箭落水。同徽宗一起南逃的还有蔡京、朱面力等人。徽宗到了扬州后，把太上皇后丢在扬州，自己一直逃到长江南岸的京口（今江苏镇江）。

宗徽宗仓惶出逃，宋钦宗的新朝廷人心慌乱，主战、主逃议论不一。

钦宗当即任命李纲为尚书右丞兼东京留守，想让李纲为他守东京，而自己逃往陕西避敌。李纲流着泪拼死请求，钦宗才答应不去陕西，留在东京。这样，京城人心逐渐安定下来。第二天，任命李纲为亲征行营使，全面负责都城开封的防备。李纲临危受命，当即组织军民全力备战。初八日，防守准备工作还在紧张进行时，金兵就到了开封城下，并在郭药师的引导下，占领了开封西北牟驼岗的天驷监。当晚，金兵即以火船数十艘顺汴河而下，进攻西水门。李纲亲自临阵，以二千名敢死队员布列城下，用长钩钩敌船，投石击船。初九日，金军又进攻酸枣门、封邱门。李纲又率领一千多名精于射术的警卫赶往酸枣门指挥战斗。

与此同时，宋钦宗却忙于说和，在割地赔款留人质的条件求金人退兵。在李纲的指挥下，开封军发打退了金军的进攻，保卫了开封城，但金军并未退兵，开封城依然处于金军包围中，形势仍十分危急。靖康元年（1126年）、金天会四年正月中旬，康王赵构与宰相张邦昌根据金军要求去金营作人质的时候，宋各地勤王援兵逐渐来到京城，兵力总数达到二十多万，宋军在兵力总数和声势上均压倒金军，金军只好北撤退守牟驼岗，因为宋钦已答应议和条件，开封城也暂时得到解围。

刘基作《郁离子》

刘基（1311年—1375年），元末明初文学家、政治家，字伯温，青田（今属浙江）人。

《郁离子》是刘基于元末隐居时所写的一部具有独特风格的寓言体散文集，共18章，195节，章有题，节无题。通过生动活泼的寓言故事和发人深思的议论，表明其对社会政治问题的看法。他的用意是向统治集团讽谏，以实现封建制度长治久安。有感而发，引古证今，在讽谏中，也揭露了当朝者昏庸腐败、自私贪婪。如"晋灵公好狗"、"灵丘之丈人善养蜂"、"卫懿公好禽"等节，描写都很精彩，揭露的问题都很深刻，特别是"有养狙以为生者"一节，写"狙公"命令众猴子为自己采摘草木果实，众猴开始任劳任怨，后来忽然醒悟过来，打破栅栏逃归森林，不复回来。通过这则故事，反映了在统治者的高压剥削下，劳动人民必定要起而造反的道理，讲理生动而深刻。此外，《卖柑者言》也是其传诵极广的散文，文章借卖柑者的话，"世之为欺者不寡矣，而独我也乎？……今夫佩虎符坐皋比者，……果能授孙吴之略耶？峨大冠，拖长绅者……果能建伊皋之业耶？"深刻揭露了元末统治阶级"金玉其表，败絮其中"的腐朽本质。文章以形象化的方法说理，比喻生动，犀利泼辣，引人深思。

除散文外，刘基的文章成就还表现在诗歌方面，他的诗歌风格多样，雄

刘基作《春兴诗八首》。

浑、婉约、奇崛、天然兼容并包，卓然成家。其中又以乐府、古体诗为代表，反映的都是当时社会上很明显的不公现象，尤其是社会的动乱和人民的疾苦。农民在连年战祸之下的悲惨现状，在他的诗中得到很大的反映，"平民避乱入山谷，编蓬作屋无环堵"。在战争年代，官府兵吏不仅不为民解忧，反而还增添祸乱，"盗贼官军齐劫掠，去住无所容其身。"甚至他还讽刺封建朝廷当权者在战火纷飞的年代，依然沉迷于声色享受，"浪动江淮战血红"，"新向湖州召画工"，在他所有的诗篇中，基本上都贯穿着一个同情弱者、鞭挞统治当局的中心思想，具有强烈的现实意义。

刘基的诗作，收集在《郁离子》5卷、《覆瓿集》20卷、《写情集》4卷、《梨眉公集》5卷、《春秋明经》4卷中，后汇编成《诚意伯文集》20卷，现通行本为四部丛刊本《诚意伯刘文成公文集》20卷。

刘基像

开国功臣刘基病卒

明洪武八年（1375年）四月，著名文学家、政治家刘基去世，享年64岁。

刘基（1311年—1375年），字伯温，青田（今浙江）人，元至顺二年（1331年）考中进士，历任江西高安县丞、江浙儒学副提举、浙东元帅府都事等职。后辞官归乡，专心著书立说。朱元璋攻占浙东后，刘基应召到了南京。他向朱元璋陈述时务十八策及灭元方略，劝朱元璋脱离小明王自立，深受朱元璋的赏识。此后，他辅佐朱元璋灭陈友谅、张士诚，北伐中原，南平诸郡，立下赫赫战功，为明朝开国元勋之一。明朝建立后，刘基先后担任太史令、御史中丞兼太史令。他主张把休养生息、加强武备视为立国的两大根本，曾参与朝廷多项重大决策。洪武三年，刘基被封为诚意伯。后因左丞相胡惟庸诬陷，被遣还乡。洪武八年，忧愤而死（一说被胡惟庸毒死）。

刘基博读经史，精通兵法韬略、天文地理，能书善文，著有《郁离子》、《写情集》、《春秋明经》等传世之作，后人将它们汇刻为《诚意伯文集》。

解缙进呈《大庖西室封事》

明洪武二十一年（1388 年）四月，朱元璋在大庖西室如见解缙，要求他坦诚进言，陈述国事，解缙遂进呈《大庖西室封事》。

解缙是明初进士，因才能出众颇受太祖赏识。他的《大庖西室封事》实际上是一封谏书。解缙针对当时的形势以及朱元璋的治国方略提出了自己的意见，主要涉及政令和刑律两方面。他指出，明建国二十年，政令更动频繁，刑律也太多，以致出现了"好善而善不显，恶恶而恶日滋"的局面。他大胆指出，太祖喜欢读《道德》、《心经》等书是不适宜的，应该请有识之士编写一部综合古代历史、文化、经济等各方面知识的书以供检阅。并对朱元璋"问刑多寡为勋劳"、"进人不择贤否"造成朝廷缺乏忠良行为进行大胆批评。此外，他还提出恢复授田均田之法，以便平准义仓，积蓄足够的粮食。最后解缙还提到了重视教育和重视治狱刑律问题。

朱元璋对解缙的谏书大加赞赏，并表示一定采纳他的建议。后来的解缙虽才学颇丰，但他恃才高傲，出语伤人，曾对兵部尚书无礼，引起众怒。朱元璋无奈，只得改任他为监察御史，以全其才。

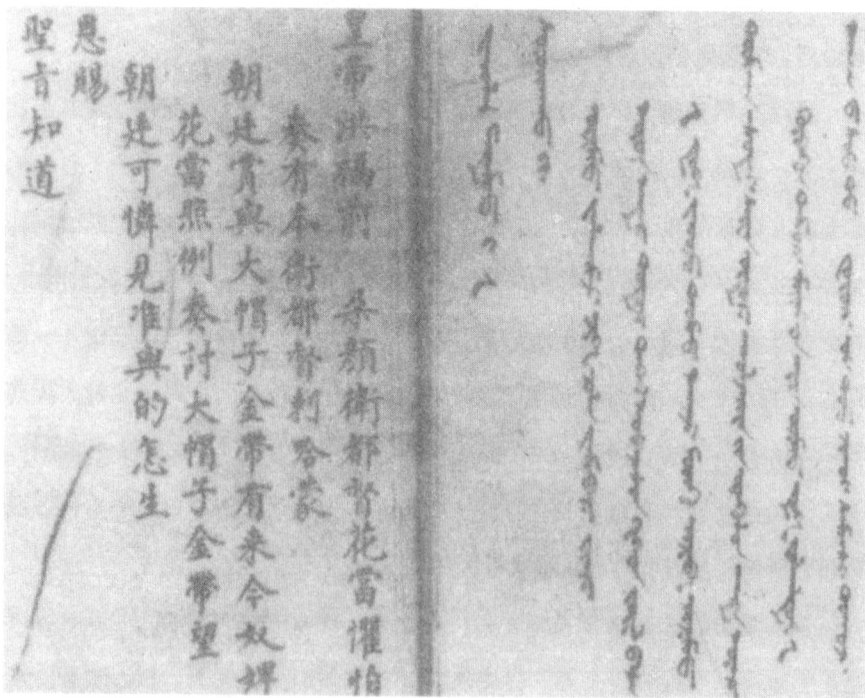

朵颜卫都督花当上明廷奏报。

张居正掌权

隆庆六年（1572 年）七月，大学士张居正（1525 年—1582 年）交结宦官冯保辅助幼年明神宗执掌朝政。

隆庆六年（1572 年）五月二十六日，在位仅 7 年的明穆宗朱载垕病逝，皇太子传谕太监冯保任司礼监，取代首辅高拱所举荐的司礼监陈洪。冯保既执掌司礼监又督领东厂，总理内外，势力日增。六月初，皇太子朱翊钧即皇帝位，年仅十岁，即为明神宗。神宗登基时，冯保"依阁臣并司礼监辅导"，升立御座旁不下，众廷臣十分惊骇。六月十三日，高拱条陈新政五事，认为皇帝年幼，宦官专权，奏请绌司礼监之权，还权于内阁，并派人通告张居正。张居正表面上点头允诺，暗中则告知冯保。冯保恨高拱欲夺其权，向太后指诉高拱擅权，并篡改高拱言语，谓高先生曾说"十岁儿安能决事"，此为蔑视幼君。六月十六日，皇太后和明神宗将高拱罢官。张居正升任内阁首辅，并荐举礼部尚书吕调阳兼文渊阁大学士，参预机务。至此，国家朝政悉由张居正、冯保两人执掌。

冯、张掌权后，冯保主内廷，张居正主外，朝政大权落在张的手中。张居正先行了一系列扶君举措。同年十二月十七日，张居正率讲官向明神宗进呈《帝鉴图说》。该书是张居正嘱讲官马自强等考究古代天下之君诸事，择其善可为法者八十一事，恶可为戒者三十六事，每一事前绘一图取唐太宗"以古为鉴"之意命名。同月，张居正又请神宗次年正月上旬开经筵，因逢先帝丧期，请勿设宴，并免元夕灯火。神宗采纳，并谕节日期间酒饭酌免，省下七百余两。翌年（1573年）十月初八日，张居正到文华殿为明神宗讲解《帝鉴图说》，称人君应以布德修政，施仁义，贵五谷而贱珠玉，结民心为本，天时不如地利，地利不如人和，获得朱翊钧赞许。万历二年（1574年）十二月十二日，张居正更仿效前人做法，嘱托吏部尚书张瀚、兵部尚书谭纶查点两京及内外文武职官，府部以下，知府以上的姓名、籍贯、出身资格，造于屏上。名为职官书屏进献明神宗，供其朝夕便览。书屏中三扇为全国疆域图，左六扇列文官职名，右六扇列武官职名，各为浮帖，每十日一换。次日，明神宗降旨称张居正等人进献职官书屏以便周览舆图和考核众官，忠心耿耿，并将职官书屏放在文华殿后以便察览。

张居正为皇帝编著的《帝鉴图说》。

《帝鉴图说》插图

张居正改革

张居正自逐走高拱出任内阁首辅后，为扭转嘉靖、隆庆以来军政腐败、财政破产、民不聊生、危机严重的局面，以除旧布新，振纲除弊和富国强兵为宗旨，在政治、军事、经济等方面进行一系列的改革。

在整顿吏治方面，张居正认为明中叶以来，"吏治不清，贪官为害"，"吏不恤民，驱民为盗"，因此为政必须"尊主权，课吏职，信赏罚，一号令"，"凡事务实，勿事虚文"，故于万历元年（1573 年）十一月十八日奏请明神宗实行章奏考成法。章奏随事考成，一切以事之大小缓急为限，误者抵罪。考成法实施以后，政府各部门的办事效能得到提高，抚、巡的职掌也分清了。张居正还加强对各级官员的考核，做到"月有考，岁有稽"，法必遵行，言必有效，使大小官员不敢玩忽职守，一切政令"虽万里外，朝下而夕奉行"。

在整饬边防方面，张居正重用抗倭名将戚继光镇守蓟门，李成梁镇守辽东，整顿边防，并主张各民族友好相处，支持王崇古的建议，改善同蒙古的关系，封鞑靼俺答为顺义王，在大同等地开设茶马市，与蒙古进行贸易，从而使西北边塞二十多年平静安定，北部边患得以解除。

在整顿经济方面，张居正针对官僚地主侵占土地逃避赋役、人民负担加重的情况，提出在全国清丈田地，对各府、州、县的勋戚庄田、职田、屯田、民田一律重新清丈，并任用户部尚书张学颜主持清太田地。丈量土地始于万

张居正像

历六年（1578 年），结束于万历九年（1581 年）。结果使全国纳税的土地从弘治年间的四百多万顷上升到七百多万顷，增加了国家的田赋收入。万历九年（1581 年），张居正下令在全国广泛推行一条鞭法，"总括一县之赋役，量地计丁，一概征银，官为分解，雇役应付"，这是中国赋役制度史上一次重大的变革，有利于减轻农民的负担和商品经济的发展。同时，张居正还下令裁减驿站及冗员，节省财政开支。

在兴修水利方面，张居正重用治河专家潘季驯治理黄河和淮河，使黄河水不再入淮，大大减少了水灾，保障了农业生产的正常发展。

经过十年的努力，张居正的改革措施多数得到实施并取得显著成效，"海内肃清，四夷詟服，太仓粟可支数年"，"天下宴然"。但却受到官僚大地主的反对和抵制。万历十年（1582 年）张居正一死，改革也随之终止。

张居正请毁天下书院

　　万历七年（1579年）正月，大学士张居正对士大夫四处争相讲学十分痛恶，奏请明神宗毁天下书院。

　　嘉靖、万历年间，各地兴建书院蔚然成风，主要有正学书院、夏初书院、龙津书院等。士大夫们争相在各学院讲学传道，创立学派，并利用讲学之机议论朝政，引起朝廷不满。嘉靖十六年（1537年）四月，明世宗曾诏令罢各处私立书院，但令下不力，书院仍繁。万历七年（1579年）正月，原常州知府施观盘剥民脂私创书院，获罪革职闲住。对士大夫讲学议政十分不满的张居正借机上疏明神宗，奏请将天下书院一律改成官吏办事处司衙门。明神宗于是在二十二日诏令各地巡按御史和提学官切实查访，将各省所有私建书院都改为诸司衙门，书院所有粮田查归里甲，各地士大夫不得借机集会扰害地方。诏令下达后，各地官府先后毁坏应天等府书院共六十四处。